Max Beckmann
Frühe Tagebücher

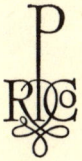

Max Beckmann
Frühe Tagebücher
1903/04 und 1912/13

Mit Erinnerungen von
Minna Beckmann-Tube

Herausgegeben und kommentiert
von Doris Schmidt

Piper
München Zürich

Mit 43 Abbildungen und Faksimiles

ISBN 3-492-02936-1
© R. Piper GmbH & Co. KG, München 1985
Gesetzt aus der Aldus-Antiqua
Gesamtherstellung: Kösel, Kempten
Printed in Germany

Vorwort

Max Beckmann stand bis zu seinem Tod mit seiner ersten Frau, von der er sich 1925 hatte scheiden lassen, in brieflicher Verbindung. Auf einem Photo von Beckmanns Schreibtisch in New York, das seine zweite Frau, Mathilde (genannt Quappi) Beckmann nach dem Tod ihres Mannes hat anfertigen lassen, sieht man den letzten an ihn gerichteten Brief von Minna Beckmann-Tube liegen.

Max Beckmann hatte Minna Tube 1902 in Weimar auf einem Faschingsfest kennengelernt. Die Tagebücher von 1903/04 spiegeln diese nicht einfache Beziehung des damals knapp zwanzigjährigen Beckmann zu seiner drei Jahre älteren späteren Frau, spiegeln die Liebe zweier hochbegabter junger Menschen, die, wenn ohnedies vorhandene Schwierigkeiten überwunden waren, sich selbst neue aufbauten. Beckmanns Zwiesprache mit dem Tagebuch, die ihn zur Selbsterkenntnis führte, ist fast immer auch Zwiesprache mit Minna Tube. Anziehung und Loslösung, Nähe und Entfernung zu ihr beherrschen die Pariser Zeit. Beckmanns anfänglicher Wunsch, in Paris »einmal ganz allein mit mir fertig zu werden«, gerät ständig in Konflikt mit seinem Bemühen, Minna Tube zur Revision ihrer Ansichten über das Leben und zu einer Änderung ihrer Grundsätze zu bewegen. Damals lernte Beckmann, sich in der Einsamkeit, die er zeitlebens bald suchte, bald floh, zu behaupten.

Beckmanns Selbstkritik und Erkenntnis wachsen an dem inneren Widerspruch, in den »der Wille und die Kraft in mir, glücklich zu sein«, und das Leiden an seiner Sinnlichkeit und seiner Unruhe ihn immer wieder bringen. Doch am Ende der Pariser Zeit steht im Tagebuch der fordernde Satz von der

»Beherrschung alles Denkbaren«, steht jenes »Ja, malen will ich, bis zur Besinnungslosigkeit«: schicksalsbedingte Wünsche, die 1913 in den Hamburger Aufzeichnungen und im Jahr seiner ersten großen Erfolge in Berlin – Beckmann ist nun neunundzwanzig Jahre alt – den Maler im Augenblick der Erfüllung schon wieder skeptisch machen, auch wenn sie längst seine künstlerische Praxis bestimmten.

Nach der Rückkehr aus Hamburg malt Beckmann erneut am »Untergang der Titanic« und notiert am 1. April 1913: »Noch 10 Tage wie verrückt an der Titanic gearbeitet«. – Das Bild wurde wesentlich verändert. Er hätte den gleichen Satz auch über seine Arbeit am Triptychon »Argonauten« am Abend vor seinem Tod in New York schreiben können. Beckmann hat zeitlebens, das zeigen die frühen Aufzeichnungen, so gelebt und gearbeitet. Das Genie, das die Sprache des eben Zwanzigjährigen zu erkennen gibt, bewies bis zum Ende seinen in schwierigen Situationen gewonnenen Charakter – ohne sich je preiszugeben oder auszuweichen. Wie anders sollte man die auf der Höhe der ersten Erfolge im Tagebuch notierte Bitte »um die Kraft der Selbstlosigkeit« auch verstehen. – Das Faszinierende an diesen frühen Aufzeichnungen ist die beharrliche Auseinandersetzung mit dem eigenen Ich und mit dem eigenen »Talent«, in der sich mit der Kunst – Beckmann schreibt von »Stil« und Schönheitssuche – Charakter und Lebensform kompromißlos entwickeln.

Die im zweiten Teil des Buches erstmals veröffentlichten Erinnerungen von Minna Beckmann-Tube verdeutlichen Einzelheiten, äußere Umstände und den Kreis der Menschen, in dem Beckmann sich in den Jahren bis zum ersten Weltkrieg bewegt hat. Daß Minna Beckmann-Tube, wie Max Beckmann, die Diskretion sich selbst und dem Partner gegenüber wahrt, macht beider Äußerungen nicht nur interessant, sondern exemplarisch.

München, im Februar 1985   *Doris Schmidt*

Max Beckmann
Frühe Tagebücher

Heft I

Braunschweig. d. 14. 8. 1903.
In einer sehr unbestimmten Stimmung beginne ich das Buch.
Eine meiner schönsten Hoffnungen ist vernichtet. Sie[1] kommt
nicht mit nach Paris. Eigentlich müßte ich ja wohl traurig sein?
Es ist aber nur leer in mir. Als wenn man etwas, was ich bis jetzt
als angenehm und ruhig empfunden hatte, aus mir heraus-
gezogen hätte.
Ich habe jetzt eine andere Weise gefunden um zufrieden zu
werden.
Ich gedenke ganz allein zu sein in Paris.
Ob ich sie noch weiter lieben werde, ob ich sie vergessen
werde?
Ich weiß es nicht und werde es sehen. Aber ich glaube es nicht.
Denn sie liebt mich nicht so wie ich es bedarf, obgleich sie mich
wohl liebt.
Ich kann keine Kompromisse vertragen. Und dies ist einer,
auch wenn er sich noch so stark in den Mantel [einer] aufop-
fernden Enthaltsamkeit hüllt.
Ich weiß, daß ich anders an ihrer Stelle gehandelt hätte. Und
der Teufel hole dies verfluchte Überlegen. Ich glaube Verlaine
dichtete so etwas wie: »Die Liebe ist schon verflogen, sobald die
Vernunft einsetzt.«
In fünf Wochen bin ich in Paris. Ja, ja. sie hatte einen Hals, ich
glaube ich werde nie wieder einen so feinen zarten Goldton
sehen wie der ihrige hatte. Und der Haaransatz, da wo der Kopf
auf dem Rückgrat drauf sitzt, so etwas fabelhaft vornehmes.
Wenn sie ihre Haare auf dem Kopf trug, so als eine Krone, war
sie das reizendste zarte Märchenprinzeßchen, was in Grimm
oder Bechstein vorkommen konnte.

Und es kontrastirte so komisch entzückend, wenn sie dann so brav u. klug redete. Oja klug, sehr klug unangenehm klug und ich glaube manchmal auch etwas belesen klug. Doch ich will nicht ungerecht sein.

Zu schade daß durch das viele Lesen, so bald das reizende Unbewußtsein der eigenen Persönlichkeit aufhört. Und es giebt nichts schöneres als wenn es manchmal durch den kalten Schleier des bewußten Seiens, (das heißt das bewußte Seien nicht im philosophischen Sinne) durchdringt.

Ja, sie mußte irgend etwas haben, erst war es die Liebe und nun die Sehnsucht. Ich glaube schon das[s] Sehnsucht auf etwas Bestimmtes eventuell sehr schön seien kann. Es füllt doch wenigstens aus, erhebt und befriedigt sogar gewissermaßen. In dunkler unbestimmter Ferne das Ziel oder noch lieber gar kein Ziel nur so in's Unendliche hinein sehnsüchteln und gewissermaßen zur themenhaften Materialisierung dieser Sehnsucht, dieselbe auf einen bestimmten Gegenstand übertragen. Und falls er nicht ausreicht, hier und dort etwas angeklebt, denn er ist ja nicht da und was läßt sich da nicht ankleben.

Mir ist es absolut gleichgültig, wohin ich gehe. Da Paris mir nun zufälliger Weise gerade in die Aussicht geschoben ist, eh bien so gehe ich dahin.

Meine Kunst, furchtbar komisch: meine Kunst: was ist sie mir[,] na vielleicht ne ganze Menge. Wenn man mein Tagebuch eine ganze Menge nennen will. Ich gehe jetzt ohne Ziel und Zweck in's Dunkle im Dunklen. Mit einer heftigen Ruhe, vielleicht klingt es etwas paradox, übersehe ich schon jetzt mein ganzes Leben.

Ich glaube, daß ich alles erreichen werde was ich will, alles. Nur weiß ich nicht bestimmt ob ich mich immer darüber freuen werde.

*

Über das Ziel der Natur? = Sie hat keins, denn sie ist Ziel[2].

Da am Nagel hängt mein schwarzes Festgewand und ihr ver-
welkter Rosenkranz darüber[3]. Ich habe nach der Stelle auf
meinem Gewand gesucht mit der ich sie damals umschlungen
hielt. Ich glaube ich wollte sie küssen. Da empfand ich einen
Augenblick Schmerz, nein nicht Schmerz, ein wehes trauriges
Gefühl. Und ich war doch den ganzen Tag über ruhig, beinah
vergnügt gewesen.

*

Ich glaube manchmal, daß ich überhaupt keine Gefühle habe,
daß ich nur aus Schauspielerei Künstler bin und meine Verachtung alles anderen, was mir klein und dum[m] erscheint, nur
eine Notwendigkeit ist um mir in meiner Rolle zu souffliren.

*

Jenseits v. Gut u. Böse.
                brosch. Pf. 50[4]

*

Vorbei läuteten eben die Glocken, vorbei rauscht es drüben im
Park und vorbei singen mir die ziehenden weißen Wolken zu,
die schon den Herbst ankünden. Die Sonne will durch die
Wolken hindurch, aber ich will sie nicht. Ja, ich will diese graue
Wehmut da draußen. Meinetwegen will ich mir selbst eingestehen daß ich mir meine Wehmut nur vorspiegele; aber ich
will sie jetzt haben. Und ich glaube auch nicht daran an ihre
Unwahrheit.
Vorbei sind die Zeiten, wo uns beiden die kräftige Herbstluft
um die Ohren pfiff als wir zuerst nach dem Festchen einen
gemeinsamen Spaziergang machten nach dem alten Schloß da
draußen[5], Vorbei jene dunklen Vorfrühlingsnächte, in welchen ich dich zuerst geküßt habe. Vorbei der Frühling mit
seinen vielen frischen, bunten Blumen die wir alle pflückten,

der Abend als wir draußen im Walde saßen, da wo der Berg sich so hoch hinaufzieht nach Tiefurt und vor uns gin[g] die Sonne unter über dem alten Weimar. Unten floß die Ilm und ganz bis Weimar dehnte sich vor uns aus die dunkle Fläche der Äcker, Vorbei singt wieder der Wind. Zu hastig forwärts eilend genießen wir das Glück in der Vergangenheit und Zukunft, und dazwischen halten wir große Reden über Genuß und Leben. Wenn wir diese lächerliche kleine Vergangenheit und die ebensolche Zukunft los würde[n] und immer nur in der ewigen Gegenwart stehen könnten. Doch was rede ich[,] ich bin ja doch ein Mensch und kann als solcher es nicht einmal denken.

Adieu Vergangenheit. Ob es schön war weiß ich nicht[,] aber es war ein schöner klarer Wind der in mich hineingeweht hat, wunderschön

Ich liebe dich jetzt nicht mehr.

Lebe wohl, lebe wohl.

Du wirst es leicht tragen können. Denn wenn du es nicht könntest würde ich dich noch lieben.

*

Jetzt gehörst du mir also nicht mehr.

Ich sitze unter einer alten Buche deren dichte Belaubung vor dem herabströmenden Regen schützt. Es knallt auf die Blätter und leise und monoton rauscht der Regen hernieder. Die kalten Lichter[,] die auf den grünen Blättern sitzen[,] glänzen vom starken Regen und der Himmel ist eintönig blaugrau.

Warum ich dich nicht mehr liebe?

Ich will dir gern deine Selbständigkeit lassen aber ich brauche eine Liebe die mich liebt – ach, lassen wir das doch auch. Mein Kopf ist heute so leer.

Ich leide weder an Wehmut noch an sonst etwas.

Es ist ja alles dummes Zeug gewesen.

Leise und langsam ziehen am Himmel die letzten goldnen

Abendwolken meiner ersten Liebe. Traurig folge ich ihnen mit den Blicken. Sie werden allmählig zu Träumen und bald muß ich erwachen.

Schön wart ihr[,] ihr goldnen Tage und schön seid ihr noch ihr goldenen Wolken. Aber sie entschwinden langsam. Grüßt sie von mir wenn ihr sie sehet[6].

*

das[s] der Kappelmeister eine große Glatze hat, die er vorhin ohne große Scham zeigte. Merkwürdig schlecht sind diese deutschen Militairkappellen.

*

Eben habe ich den Brief abgeschickt[7].
Also 6 Febr. 1903 bis 20. August 1903[8]
à Dieu, à Dieu

*

Repräsentanten d. Menschengeschlecht[s] = Emerson Reclam
Emerson: 3702-3. Essays[9].

*

22. 8. 1903.
Draußen regnets, leise und monoton ziehen sich fortwährend die blanken Streifen über das Grün des mir gegenüberliegenden Parkes. Ich habe nun so ziemlich mit meiner ganzen Vergangenheit abgeschnitten. Was so viel heißen soll. Ich beabsichtige einmal ganz allein mit mir fertig zu werden.
Ich habe mir ein bißchen den Magen verdorben augenblicklich, durch den Genuß von allzu viel Philosophie. Sonst geht es mir verhältnismäßig gut. Ich zähle die Tage, wo [ich] endlich einmal gründlich allein sein kann. Arbeiten werde ich fleißig.

Es ist so eine bequeme Philosophie. Und als gesitteter Deutscher und Verkörperer so und so vieler Erwartung muß ich es ja wohl auch. Heute quillt glaube ich der Quell meiner Lebensfreude und Daseinsbejahung nicht so stark als sonst.

*

23. 8. 1903
Ich erwarte mit ärgerlicher Spannung den Moment, wo ich mich nun wieder verlieben werde. Ich habe eigentlich gar keine Lust, immer wieder den alten Tanz zu tanzen. Trotzdem sehe ich ihn genau u. klar vor mir diesen Augenblick, mit den üblichen Begleiterscheinungen von Wonne, Schmerz, törichter Weltenlust und Gottgefühlen, prachtvoller Daseinsbejahung und wütender Weltverschwörung[10].
Ach es ist fad. Ja, ja ich weiß ich werde es doch wieder machen. Denn es ist ja unser Lebenszweck, daß wir auf uralten Wiesen tanzen wo unter unsern Tritten stets dieselben Blumen hervorsprießen mit ihrem mehr oder weniger guten[11] Geruch. Wenn ich mich auch eben in dem Stadium eines wohlausgebildeten Hypochonders befinde, so kann ich doch nicht leugnen, daß unter dieser misantropischen Decke doch die Wellen meiner Lebenslust ruhig und sicher dahinfließen und nur auf den Moment warten, wo sie wieder anschwellen und dann unaufhaltsam diese Decke und mich selbst mit wegreißen. Irgendwohin. –
Mir ist's egal.

*

23. 8.
Ich finde, daß die alten Ägypter an Styl und Psychologie der Portraits unübertroffene Meister sind. Dieser Ramses d. II. Ich glaube nicht daß er durch seine fabelhafte Einfachheit der Charakteristik übertroffen werden kann.

*

Draußen rauscht wieder einmal der Regen, ich kann mich nicht erinnern daß es je so viel geregnet hat. Unten auf der Straße sind große Lachen, die ganz weiß wirken, denn es ist schon dunkel und der grauweiße Himmel spiegelt sich in den Lachen. Eben hat es geblitzt. Ganz leise setzt der Donner ein. Als wenn aus weiter weiter Entfernung ein Wagen herbei gerollt kommt. Jetzt klingt es wie der Husten eines Schwindsüchtigen und jetzt wird es ganz stark.

Ich habe heute wieder einmal viel an dich gedacht. Sollte ich dich doch noch lieben. Muß ich denn immer lieben wollen. Der Regen rauscht so gewichtig und langsam herunter und unaufhaltsam wie mein Leben. Grau und, wenn das Licht darauf fällt dann blitzt es wie lauter Diamanten.

*

Jetzt fängt das Gewitter wieder stärker an. Eben war der ganze Himmel wie mit Blitzen geädert. Ach und es donnert so prachtvoll. Das ist einmal ein Ton. Da stecken sie noch alle ungebändigt die feinen großen Naturgewalten. Nun los Himmel, donnere doch blitze doch. Laß mich mehr sehen von deinen wundervollen Schönheiten. Oder kannst du nicht einmal mehr ein ordentliches Gewitter hervorbringen. Da! buh! grau und dum[m] stiert mich der Himmel an. Habe doch mal etwas Temperament du gieb dich doch nicht aus in diesem langweiligen Regen. Los doch zeige doch einmal deine Kräfte, daß man darin umzukommen meint. Spiele einmal wieder deine Urweltsymphonie. Bei deren Klängen mir all das Komische und Kleine versinken soll. Da, na ja ich danke dir für das fahle Leuchten, aber mehr, stärker. Du siehst daß ich warte. Ich warte auf den Riß von oben in der grauen Decke, durch welchen ich hineinsehen kann in die Unendlichkeit.

Nein er will nicht. Bloß der Regen rauscht noch stärker und ich sitze hier mit meiner ungestillten Sehnsucht[12].

*

Nitsche[13]: In jeder Philosophie giebt es einen Punkt wo die Überzeugung des Philosophen auf die Bühne tritt; oder um es in der Sprache eines alten Mysteriums zu sagen
adventavit asinus
pulcher et fortissimus.
Nietsche. Wo das Volk isst und trinkt, selbst wo es verehrt, da pflegt es zu stinken. Man soll nicht in Kirchen gehen wenn man reine Luft atmen will[14].

(Sehr scherzhaft)

*

Notizen zur Philosophie der Schönheit
Das All betrachtet als die Grundform der ewigen Schönheit.
Das Erfassen dieser Schönheit durch Studium seine[r] Spiegelungen und Gleichnisse.
Beweis zu suchen dafür daß das Leben am glücklichsten ist, wenn es am ähnlichsten die ewige Ruhe und Schönheit des Alls wiederspiegelt.
Beweis zu suchen dafür daß das Leben am unglücklichsten ist wenn es am wenigsten die ewige Ruhe und Schönheit des Alls wiederspiegelt.
Grundbedingung zu[r] möglichst reinen und klaren Erkennung der Schönheit 1.) die feste und verstandene Überzeugung ein Teil derselben zu seien.
2.) das All und also auch uns ruhig empirisch auffassen, da auch das scharfsinnigste Urteil über die Unmöglichkeit der Bestimmung der Dinge a priori, doch immer nur empirisch seien kann,
3.) das völlig erfaßte und verstandene der Schönheit je nach seiner Art uns mitzuteilen.
Ziel dieser Erkenntnis.
Die Schönheit zu suchen, bis sie vor uns steht klar und ewig.
Die selbstverständliche Veredlung, die auch der niedrigststehende Mensch durch die Erkenntnis einer noch so geringen Schönheit erleben wird.

*

Der Tod ein sichtbarer Beweis für den Pulsschlag des Alls [–]
und die Schönheit des Todes.

*

In diesem Sinne würde auch in diesen Teilchen des Alls jede
wunderbare Abstufung und Unterordnung eintreten, wie wir
sie so sehr an dem All bewundern. Es würde ein allmähliches
Abschütteln dieser Horde Filzläuse von Einrichtungen und
sogenannten Staatsformen zu Stande kommen, welche es sich
bis jetzt noch durch die völlige Blendung eines größten Teils
dieser kleinen Allteilchen, genannt Menschen, für die Schönheit auf diesen noch so bequem machen und viele mit auf-
saugen[,] die gute Entdecker in unserm Reich geworden
wären[15].

*

Pascal. Gedanken (Reclam) 80 Pf[16]
Schoppenhauer. Handschriftlicher Nachlaß Reclam[17]
Spinoza 80 Pf[18].

*

Vor mir liegt ein ungeheures Lupinenfeld, von einer Farbe, daß
man von ihrem Golde trunken werden könnte, dahinter Wäl-
der und ganz hinten in weiten blauen Fernen das Gebirge. Eine
so überreiche Schönheit. Du, wenn du mich ganz gut kennst
wirst
du über mich lachen und wissen, daß es nicht wahr ist, daß ich
dich nicht liebe.
Es geht doch nicht und wenn ich selbst so logisch und unerbitt-
lich dich secire. Es geht nicht. –

*

N. z. P. d. G.
Ich glaube daß der Humor einen Teil der Schönheit ausmacht.
Was liegt nicht für ein göttlicher Humor in den Händen[19].

*

Ich bin jetzt schon wieder weit, weit weg von dem Lupinenfeld,
eine große schwarze Wolkenmasse steht schräg am Horizont
und links blickt noch die Sonne drüber hinweg und wirft ein
Meer von flimmerndem strahlendem Licht über die Wand.
Prachtvolle große Pappeln stehen davor. Und ich muß doch
wieder an dich denken.
Aus den schwarzen Wolkenmassen, quellen jetzt ungeheure
weiße Berge hervor.

*

Ist es nicht tragisch komisch, daß jetzt wo ich alle Verbindung
mit ihr abgebrochen habe, meine Sehnsucht nach ihr stärker ist
wie je. Ich träume schon in grotesk phantastischen Linien von
Wiedersehn u.s.w. Ich mache gut und logisch sämtliche Sta-
dien durch, die ich bereits mit Vergnügen und Genuß bei
andern beobachtet habe. Es reizt mich, wie du dich etwas
belesen ausdrückst, die selbst verschlossene Thür[,] zu der ich
den Schlüssel selbst ins Meer geworfen habe. Und ich glaube
Eisen giebt das Meer nicht wieder, man müßte höchstens
danach tauchen.

*

Umgebt mich mit Menschen, die sind wie Musik über dem
Wasser am Abend, wo der Tag längst ein Traum ist. (Nitz-
sche)
Ja, gerne aber wo sind sie.

*

Der Koran[20].
(1043)   1,50
(1313) Musaeus. Volksmärchen.
(1377) Ossian.

*

Also doch
Abfahrt.
  Braunschweig.   9.28.
  Magdeburg.   11.53
        ab.   12.25.
  Halle.
Ne, also det jeht nicht, etwas anderes.
  Braunsch.   5.33.
  Magdeb.   6.43
        ab   7.4.
  Halle.   8,27.
        ab   ,30
  Leipzig.   9.00

*

29. 8. 1903. Sonnabend.
Eine logische, in schwarz gehaltene Abschiedsfeier steht
bevor.
In grotesk würdevollen Freundschaftsschwüren mit viel stark
betonten gegenseitigen Wünschen für später. O ja wir sind
sehr hochherzig. O ich muß so lachen, es ist alles so dum[m],
diese steife Grazie. Mit so kläglich viel Selbstbeobachtung, und
ohne jede Tollheit.
O ja, ich weiß. Ich werde sogar nachdem ich eine Abschiedsrede
mit ernster Würde und fast entwickelter Reife vorgetragen
habe[,] mit geknicktem Herzen wieder abfahren. Da – ich sehe
mich schon sitzen auf der Bahn[,] mit den zwei Schwermuts-
falten auf der Stirn, Blick auf vorbeifliegende grau melancho-
lische Landschaft[,] im Busen milde Wogen des Schmerzes und

der Selbstironie kurz all die Coulissen die zu dieser Reihenfolge von kleinen Schauspielen nötig sind.

Nun spielen wir also die üblichen Rollen gut, daß wenigstens ein leidlicher Styl dabei herauskommt denn auf den Styl kommt es an. Daß [= Das] ist die Hauptsache.

Überhaupt haben unsre wackeren Schriftsteller dafür gesorgt, daß sich ziemlich so jede Liebes-Sache die etwas über dem allgemeinen Durchschnitt steht in bestimmte Style u. Stimmungen einteilen läßt.

Da haben wir <u>Kellerstimmungen.</u>

viel Blumen, weiße Wolken, eine Portion gesunde Sinnlichkeit u. überhaupt viel Gesundheit.

<u>Maupassantstimmungen.</u>

Verzicht auf Naturkoulissen[,] im allgemeinen stark sinnlich und patologisch.

<u>Prévost.</u>

Geistreiche Selbstfeierung der Sinnlichkeit.

Toujours spirituel

<u>Göthestimmungen</u>

Sind nur für Höhenwander[er] à la Seiltänzer.

Cosmos stark hervor tretend.

Im allgemeinen nicht mehr gebraucht.

Maeterlink.

Teilt sich ein in M I u. M II.

<u>M I</u> sehr geschätzt. Grauen, Tod. Erbarmen mit einem Schuß Metaphysik.

<u>M II.</u> Verliert sich zu sehr in große Weltweisheiten. Sehr viel Liebe, ab u. zu ein <u>bischen</u> Grauen. Nicht mehr sehr individuell sagt man, denn er ist sehr beliebt.

Nitsche. Nun ja, c'est la femme pour tous. Die Großen können bei ihm Groß sein und die Kleinen auch[,] nur die Mittelmäßigkeit muß etwas suchen

Verwendet viel Geist, schimpft aus Erbarmen. Schreibt anscheinend mit Herzblut und hat sehr viel gelesen. Eignet sich auch besonders für solche, die in Citaten lieben.

21

Im allgemeinen wird der Styl der jeweiligen Liebe fast hauptsächlich durch den Lieblingsschriftsteller bedingt und wir müssen wieder einmal der Natur in uns demütig die geistreiche Hand küssen[,] die es so nett versteht durch Vermengung dieser von ihr gegebenen Anzahl sich immer wiederholender Individualitäten uns in so reizvoller Abwechslung zu erhalten.

*

30. 8. 1903, Sonntag.

Ja gewiß eine Denkmaschine ersten Ranges, dieser Kant[21] aber wozu diese ein Leben fordernde Untersuchung des menschlichen Denkvermögens. Ist es wirklich so viel wert. Sind die schönsten Thaten nicht gerade aus dem unbewußten Handeln entsprungen und ist es nicht immer beiweitem das schönste. Was hat diese langweilige Logorithmentafel erreicht? Etwas worauf er stolz seien kann. Komisch stolz auf etwas seien. Der Baum der gegen den Himmel wächst und seine strahlenden Blüthen bringt und seine Früchte. Ohne Sorgen und Nachdenken über sein Leben nur atmend die klare Luft und die Schönheit. Selbst strahlend in ihr. Das wäre eines Menschen würdig. Wieder den alten verschütteten Gang zur Schönheit finden von der wir stammen und die wir seien können. Unterdrücke diese thörichten Sucher[,] die mit Würde und thörichter schwerfälliger Grazie Schleier um Schleier und Wand um Wand vor dem Leben u. d. Schönheit aufstellen? Ach daß können sie ja nicht[,] nein sie sind sogar nötig für uns[,] sie bilden den Dung aus dem unsre Pflanze hervorbrechen wird, hinein in die klare Luft der Schönheit. Und wenn ihr es alle nicht könnt. Ich will sie pflanzen und blühen in ihr wie sie selbst. Sucht die Schönheit kämpft um sie ringt um sie[,] sie wird euch Genuß geben. Ach Genuß.

*

Alle Leidenschaft ist Schönheit.

*

Freut euch und fühlt sie an dem Pulsschlag des Lebens dem leidenschaftlichen glühenden. Hört ihre Stimme in der Musik und seht wie die grünen leuchtenden Blätter leuchten gegen den blauen Himmel.
Fühlt doch mit mir die Freude.

*

1. 9. 1903. Dienstag. Abend 1/4 9.
Morgen früh um 5½ Uhr fahre ich ab. Mutter ist krank[22] schadet nichts. Ich kann diese stö[h]nenden, wimmernden Leute nicht sehen obgleich ich nicht ruhig bin, wenn es ihnen schlecht geht.
Ach und dicke hilfsbereite Geister irren umher. Und es ist alles so ekelhaft. Wieviel schöner ist doch der Tod.
Mit einem Ohr höre ich noch dieses klägliche Stöhnen und innerlich ekle ich mich und kann es beinahe hassen.
Krankheit ist etwas für mich, was Scham bei andern ist. Ich mag nicht ich will nichts sehen und wenn ich es bin, dann ziehe ich mich am liebsten in irgend eine verlassene Ecke zurück.
Weg von dieser brutalen, gesunden Hilfe.

*

30. 8. 1903
Ich benehme mich wie es einem dummen Menschen zukommt, der plum[p] und kindisch seine Studien in der Metaphysik macht, denn was gehörte vor allem zu ihr wenn nicht der Mensch und unter diesen wieder das Weib, und [der] außer seiner brüllenden Daseinsbejahung nichts anderes aufzuweisen hat als das lachend mißvergnügte Gefühl des Nichts-wissen

Könnens und trotz allem das Bewußtsein der ungeheueren, weltbeherrschenden Lächerlichkeit der Metaphysik.

*

Ob gut oder schlecht, das ist ja so unendlich gleichgültig. Ob groß ob klein so lächerlich unbedeutend.
Wenn man bloß leben könnte. Wirklich leben.

*

Ihr kennt sie alle diese thörichte Wollust. Das unendliche angenehme Versenken in das eigene Denken. Mit der seeligen Zuversicht an die Möglichkeit eines originellen Denkens, an die Möglichkeit an ein Ende zu kommen. Es ist Unsinn, das ist es nicht werth zu leben, daß man wissen will ob und wie man lebt.
Garnicht wissen daß man lebt. Unbewußt sich fühlen als Welt.
Nur dann kann man genießen, so wie ich genießen möchte.

*

Es giebt Momente die für einen Gott unglaublich komisch sein müßten. Ich sage Gott, weil ja nur er, nach seinen im Katechismus festgesetzten Eigenschaften es sehen könnte.
Einer dieser Momente entsteht dann, wenn zwei Menschen weit von einander entfernt zu gleicher Zeit den Spiegel ernsthaft befragen ob sie wohl schön genug sind für einander.

*

2. 9. 1903. Mittwoch.
1/4 6 Uhr Morgens
Ausgezogen bei einem Frührot so zart und schön, daß ich schwelgen konnte im Licht wie selten. Kommt ihr Schönheiten.

*

2. 9. 1903. 1/2 2 Uhr.
Vor einem halben Jahr war ich auch hier im Frühling. Hier im
Rosenthal in Leipzig[23]. Jetzt ist es bald Herbst. Die ganze
Hitze, die so lange ausgeblieben war scheint sich auf diese paar
Tage concentrieren zu wollen.
Noch eine Stunde und dann noch eine halbe, dann bin ich mit
ihr zusammen. Sie wird kommen, denn es geschieht auf ihren
Wunsch
Ich bin müde nervös und traurig heute an der Stätte meiner
Kindheit. – –

*

Jetzt noch 3/4 Stunden. Ich habe Herzklopfen wie ein Schüler.
Warum? Weil ich doch nicht genau weiß ob ich sie nicht
liebe.
Ja, drum!
Lächerlich, lächerlich diese dumme, kindische Aufregung
vorher.
Selbstbeherrschung keine Spur.
In diesem Augenblick verachte ich mich

*

3. August. In der Bahn.
Erst war ich sehr traurig, weil ich wieder von ihr fort mußte,
aber jetzt bin ich es nicht mehr. Denn ich weiß es jetzt wieder
genau, daß ich sie liebe o und immer lieben werde und will.
Sie ist so schön u. rein und fein.

*

Im Zuge 3. September.
Fein sah das eben aus. Diese ruhigen, kalten Kreise die ein
Raubvogel zog und die hastigen vor Neid berstenden der
Raben. Sie trieben sich schimpfend und zankend um ihn

25

herum, er aber zog so ruhig seine Kreise, als ob sie nur ein Theil wären von der klaren Luft in der er schwebte.
Ach du, ich sehne mich auch nach dir.
Mein Liebling, mein liebes gutes Mädchen ich habe dich ja so lieb.

*

Am Abend des 3. September.
Ich habe sie jetzt vollständig in mich aufgenommen, das heißt verstanden. Es ist alles klar und einfach und nicht das geringste Häßliche dabei. Wenn ich sie einst nicht mehr lieben sollte, kann ich mich nur bedauern.
Weihnachten sehen wir uns mein Liebling.
Ja, bestimmt.

*

Es blasen die blauen Husaren
Und reiten zum Thor hinaus
Da komm ich, Geliebte u. bringe
Dir einen Rosenstrauß.

*

Manchmal setzt es mich doch in Erstaunen[,] mit welcher Freude und Geduld wir unsere Erde mit uns herumtragen

*

Ein kindisch, eitler Narr bin ich manchmal und ich fühle dich entehrt durch mich.
Ach du, hilf mir doch, sonst schlägt mir einmal wieder der Ekel über mein so schönes Dasein über den Kopf zusammen.
Ganz ruhig deine Hand in meiner Hand schlafen in Ewigkeit.
Ganz ruhig dem All gleich sein ist so wenig. Aber es verschlafen mit dir.

26

Und wie lächerlich brav ich das alles notire. O ja vielleicht spiele ich doch nur einen, nein selbstverständlich, gar nicht zu zweifeln einen ewigen Abklatsch.
Ach pfui.
Schlaf, ewiger Schlaf könnte ich dich finden. Ob allein oder mit dir ganz egal.

*

Sonntag 6. 9. 1903.
Des Morgens. Fernes Glockenläuten dringt an mein Ohr. Auf den Gardienen vor mir liegt golden die Morgensonne. Es ist so schön still hier im Zimmer.
Nur die Fliegen summen zuweilen und das brave Trappsen der Sonntagsmenschen dringt manchmal herauf. Ich bestehe heute nur aus Sehnsucht nach ihr, nach allen, schon erlebten und noch zu erlebenden
Und etwas Resignation par tous[24].

*

Sonntag Nachmittag.
Nichts ist schöner als irgendwelche Sehnsucht mit gutem Appetit, Träumereien mit einem Butterbrod und hohe Gedankenpromenade mit guten, sicher angelegten Papieren.
Wir leben um zu lieben, wir leben um zu sterben, wir sterben um zu lieben, wir lieben um zu sterben, wir lieben um so zu lieben man kann diese Wörter nebeneinander setzen und verändern wie man will[,] stets wird dasselbe langweilige Zeug dabei herauskommen.
Wenn Nitzsches Wort, daß die Dichter schamlos sind weil sie ihre Erlebnisse ausbeuten[,] auf einen zutrifft so ist dies auch Heine.

*

Es ist so komisch, all die Dichter und Menschen fürchten die Untreue des Weibes.
Ich aber fürchte nur meine eigene Untreue.
Ja, meine eigene, obgleich ich sie liebe. Wirklich liebe.

*

Sonntag abend. Aus der Fledermaus.
»Spiel ich die Unschuld vom Lande, leicht und im kurzen Gewande tra la la la la la la la / tra la la la la la la la. [«] Heute hat mich die gefiederte Maus zum ersten Mal traurig gemacht. Ach ich kann nicht und will nicht daran denken, daß sie alt werden kann u. häßlich. Ich könnte mein Dasein verfluchen, wenn ich denken soll, daß es kommen muß. Und ich will es ja nicht.
Schönheit ist mir nötiger als Luft und Licht.
Beruhige dich mein Junge, auch hierin wirst du dich fügen, wie in all das andere Ekle auch.
Wo ist denn ganze Schönheit. Du wirst sie nie finden, du thörichter schablonenhafter Sehnsuchtsmeyer. –

*

Trinke die Milch und leg dich zu Bett.
Schlafen ist gut für das Leid.
Morgen tanzt du zierlich und nett
die einsame Heiterkeid [sic!].

Genieße den Weltschmerz auf dem du froh
tanzest mit viel Ironie.
Trinke die Milch und leg dich zu Bett, so
hast du, wie üblich Genie.

Träumend ist dir gestattet sodann
braves unfaßbares Glück
Alles was sonst man nicht kriegen kann
Erhälts[t] du hier Stück für Stück.

Trinke die Milch u. leg dich zu Bett
Träumen ist recht für d. Leid
Morgen tanzt du weiter sehr nett
deine traurige Heiterkeid.

*

Ganz nett das Gedichtchen, na ja ich habe eben viele Heine
gelesen

*

7. 9. 1903
Nein, ich mag dein Bild nicht mehr ansehen, es sagt mir
garnichts mehr. Ich habe dich jetzt noch viel feiner und
zierlicher im Gedächtnis. Du hast Rasse mein Kind. O mit so
schlanken Gliedern und mit diesem einen so reizend ein ganz
bischen schräg stehenden Auge, warte mal der Holbein hat
einmal eine englische Herzogin, nein ich habe eben nachge-
schlagen eine Lady Parker gezeichnet. In der Windsor Sammlung[25], die hat auch so ein ähnliches Auge. Nur noch etwas
schräger. Aber deine Stirn und der Haaransatz ist wieder ganz
genau so. Überhaupt sieht das ganze Ding aus wie ein lebens-
volles aber unähnliches Selbstportrait von dir.
Mein kleines braves Märchenprinzes[s]chen. Du mußt garnichts thun oder gar malen wollen. Ich denke du müßtest das
Schicksal deiner Vorgängerinnen zur Genüge kennen.
Denke dir doch einmal:
Es war einmal eine Prinzessin, die war sehr schön. Aber die
Prinzessin war ehrgeizig, ihr war ihre Schönheit nicht genug.
O nein. Und wenn sich einmal irgendeiner von ihren Ver-
ehrern erfrechte nur ihre Schönheit zu lieben, so warfen ihn
zwei in leihbibliothekfarbene Anzüge gekleidete Lakaien zur
Thür hinaus.
Die artigen Anbeter lobten alsdann doppelt eifrig ihr Streben
nach der wahren vertieften Liebe, an welcher man Gott sei

Dank doch noch Stoff zu psychologischen Problemen fände,
wenn sie sich neumodisch und gebildet ausdrückten; und
schluckten weiter dünnen Thee und lasen weiter mit verteilten
Rollen.

Die frechen Lümmel aber[,] die der Bestie in sich so willfährig
Gehör gegeben hatten[,] zogen in eine Waldschenke und
ersäuften dieselbe. Wozu sie gottlose und cynische Lieder von
dem verfluchten Atheisten Heine sangen, nach eigener Me-
lodie.

Die Prinzessin jedoch besaß eine wirkliche Schönheit und wer
die besitzt muß auch eines Tages wirklich anfangen zu leben.

Und der Tag kam auch bei ihr.

Es war schwül gewesen den ganzen Tag.

Von ihrem Schloß, daß [= das] am Meere lag waren sie
heruntergestiegen an den Strand.

An einem Fels saß das wackere Königselternpaar, die Hände
über den Bauch, zufrieden.

Und ganz nahe beim Meer tanzte die Prinzessin mit ihren
braven Anbetern und Freundinnen einen leidenschaftlichen
Reigen. Der Rythmus stammte aber von der Prinzessin.

Sie sah sie heute alle so ganz anders wie sonst[,] wohl auch sich
selbst.

Sie sah wie komisch und hölzern die wackeren, sich selbst
bezwungenen Anbeter hupften und wie die kleinen Freundinnen, die sie glücklich gemacht zu haben glaubte durch ihr
Verständnis und ihren Rat so sehnsüchtig und traurig in die
Abendröte blickten.

Sie sah über das Meer und hörte auf einmal seine wundervolle
Musik ganz anders.

Und ihr kamen auf einmal die armen, tierischen Kerle in den
Sinn, die so verachtet waren, damals in ihren geistvollen reinen
Kreisen.

Sie machte sich rasch los von den Tanzenden und lief hinunter
den Strand, da wo er noch von der Abendsonne bestrahlt
wurde.

Nein, das wußte sie wohl, lieben konnte sie diese armen Kerle nicht mehr, aber ihre Sehnsucht hatten sie wieder geweckt und diesmal so groß und stark daß alles andere davon sank wie morscher Zunder.

Und auf einmal wurde ihr klar, daß ihre ganze Sehnsucht, ihr da drüben galt, der untergehenden Sonne und daß sie sterben müßte heute noch. Gleich, sowie sie nicht mehr da war. Ganz deutlich fühlte sie das.

Sie sah sich um.

Ja, da das lange schmale Schiff mit den riesigen weißen Segeln.

Schon hatte sie es bestiegen. Und es glitt schnell vom Ufer weg.

Langsam sah sie den Strand mit den farbigen tanzenden Flekken im Dunkel versinken. Mit einer nicht auszudenkenden Schnelligkeit fuhr jetzt das Schiff. Immer der untergehenden Sonne nach, so daß sie nicht mehr versank im Ocean.

Sie aber die Prinzessin war nicht mehr allein. Ihre Sehnsucht war so mächtig geworden, daß sie sie sah fühlte und küssen konnte.

Und sie fuhr nun mit ihr auf dem ewigen Meere immer der Sonne nach. Sie und die Sehnsucht.

*

Wieder einmal trägt mich die Welle ins Thal
Und ich liege ganz ruhig drin u. schön
Höhenluft ach liebe Höhenluft du bist mir schal.
Nichts mehr mag ich sehen von dem Goldglanz der Höhen
Decke mich zu o Welle, bedecke mich
ich weiß ja du bist das große ganze, klare Verstehen.

Weich ist die Luft und zart trägt sie den Herbst.
Gold schon tragen die Bäume. ach ich möchte du wärst
ganz nahe bei mir, an deiner Brust
würde ich vergessen Böses und Gutes, Leiden u. Lust.

Deine Hände können mir Frieden geben allein
Ich weiß ich kann dann erträumen
ein glücklich seeliges Sein.

Ach komm bald du und
gieb mir die Ruhe und schlafenden Frieden
Ich will auch brav sein und
dumm bis die Klugheit uns wieder geschieden.

*

Und doch giebt es eigentlich nichts Kläglicheres als die Ironie.
Dieses brutale Aufdecken einer Schwäche. Pfui und du wälzt
dich immer darin, du fader Kerl[26].

*

8. 9. 1903
Ich mag sie garnicht deine thörichten Briefe. Und ich kann sie
doch schlecht entbehren.
Sie strotzen immer von so ängstlichen, kindischen Sachen, die
ich garnicht lieben kann. Es muß wohl doch ihr Egoismus
seien.
Sie sind so vorsorgend und berechnend, alles was du garnicht
seien sollst. Sie verderben mir immer auf lange meine Stimmung.

*

Du Dumkopf, du dume kleine altkluge Minne. Sei doch nicht
so thöricht. Falte doch die Hände in deinen Schoß und denke u.
handle garnicht mehr und habe mich nur lieb. All das andere ist
gar so dummes Zeug, was deiner Schönheit schadet.
Und die ist doch wirklich viel viel mehr wert.

*

Was so viele Menschen so möglich für's Leben macht?
»Sie trauen sich alle ein Urteil zu.[«]

*

Und du mußt na[c]kt sehr schön sein. So prachtvoll schmalhüf-
tig und die Beine vom Knie ab so lang und schlank. Über den
Hüftknochen wird wenig Fleisch liegen und sie sind sehr zart.
Dein Busen aber ist ganz zart und fein. Merkwürdigerweise
treten deine Schlüsselbeinknoch[en] gar nicht hervor, trotzdem du doch beinahe mager bist. Fein und vornehm ist der
Halsansatz und die ganze Körperfarbe denke ich mir ganz matt
golden. Deine Schultern sind merkwürdigerweise wieder ganz
rund und deine Arme bis zum Ellbogen schöne schlanke
Mädchenarme. Die Ellbogenknochen müssen genau so zu
fühlen sein wie die Hüftknochen. Und der Unterarm ist nur
eine Weiterbeschreibung deiner famosen, kräftigen Hand. Die
garnichts mit diesen weiblichen Frauenhänden zu thuen hat die
so weiß und faul und beringt sind.
Der ganze Körper aber ist fein und ruhig in der Linie. Ich bin
überzeugt, daß auch nicht das Geringste stören würde. Vom
Kopf will ich heute garnicht reden.

*

9. 9. 1903.
Das Gefühl für irgend eine Moral, mag sie nun ganz klein oder
ganz groß gedacht, ist erzeugt durch die Notwendigkeit der
Führung eines friedlichen Verkehrs unter den Menschen.
Da Friede unter einander also die angenehmste Verkehrsform
bildet und derselbe Eigenschaften in sich schließt die als gut
bezeichnet wurden[,] entwickelte sich aus dem Gefühl der
Notwendigkeit zur Existenz das andere Gefühl[,] die Eigenschaften welche entwickelt waren und [= um] den Frieden zu
ermöglichen[,] in sich zu bestärken und zu befestigen.
Sich immer mehr erweiternd und umfassender werdend, ver-

erbt sich das Gefühl von Glied zu Glied bis es allmählich die Form jenes Moralbegriffes annimmt[,] die mit vielen Ausdrükken und Worten bezeichnet wird. Wie Gut, Richtig, edel, etc.

Daß mit dem Gefühl zur Erhaltung der Dinge welche zu einem Verkehr nötig sind auch das Gefühl für die Unterdrückung und Verachtung der Dinge, welche diesen stören[,] sich entwickelt hat und nur eine logische Folgerung von Worten wie gut, Richtig edel, etc. bedeuten ist ja selbstverständlich!

Ich glaube man könnte diese ganze Moral eine Moral der Notwendigkeit nennen

Diese Moral ist daher notwendiger weise zu überwinden, da nichts Dogmatisches heilsam ist.

Und diese Moral ist ein Dogma. Mag sie ihre guten Seiten haben.

Soll eine Moral wirklich lebensfähig sein so muß sie sich klar sein, daß sie immer im Wandel begriffen ist. Daß es ihre Hauptaufgabe ist, dies stets bei sich und andern zu fühlen und danach zu handeln.

Sicher ist die Moral d. Notwendigkeit Vorbedingung zur Gestaltung dieser individuellen Moral, sie bildet aber nur den Boden, der gut durchgeackert und erforscht ganz von selbst jene Blüthe der individuellen Moral erzeugt.

In jedem Menschen, der etwas Urteilsvermögen besitzt geht dieser Kampf zwischen der dogmatischen und individuellen Moral vor sich.

Und je nach der Stärke seines Urteilsvermögen[s] gelangt die dogmatische oder individuelle, oder was meistens der Fall, ein Gemisch von beiden Moralen zu Herrschaft in ihm[27].

*

Also noch einmal um ganz klar zu werden über den Begriff individuelle Moral, 1. die Überzeugung sich als Teil einer ewig die Form wechselnden Einheit zu fühlen

2. die versteckte oder klar zu Tage tretende Logik in all diesen Formteilchen zu sehen versuchen.

3. die Erkenntnisse dieser Logik, als Grundlagen der Moral.

4. das Wort Moral aufgefaßt in der Bedeutung: nützlich und heilsam für uns und andere.

*

Den raffinirtesten Rat sich selbst Genuß zu verschaffen, giebt Schoppenhauer auf S. 82 in d. Anmerkungen zu Locke u. Kant:

Um sich selbst in ursprünglich subjektiven Stimmungen doch in die [der] objektiven Contemplation zu versetzen, kann ich als ein probates Mittel empfehlen, daß man mit Gewalt die Einbildungskraft zu d. seltsamen Illusion zwinge[,] man sei garnicht gegenwärtig, sei nicht auf dem Fleck den man einnimmt, sondern bloß die Umgebung sei da.

– Also eine gegenwärtige Handlung schon in die Erinnerung versetzen, und so den ganz objektiven Genuß haben[28].

*

10. 9. 1903.

Deine Briefe enthalten eine weibliche Logik, wie sie echter und leichter kaum gedacht werden könnte. Und auch ein nicht ganz würdiges Bemühen neben einen Gedanken, möglichst rasch einen anderen Gedanken von dir selbst zu pflanzen, meistens sind es aber nur Verallgemeinerungen.

Du schreibst leicht und beinahe banal: »Wir mögen reden und schreiben was wir wollen, wir gehen doch die von unserer Natur vorgeschriebenen Weg[e«].

Es ist dies der übliche Ausdruck, den die etwas über dem Durchschnitt stehende Menge verwendet, wenn sie etwas nicht verstanden oder verstanden haben und doch gern auch etwas von ihrem eigenen Urteil und Nachdenken mit dazu geben möchten. Er ist ja so bequem.

Es drückt den dummen Kerl, der sich einbildet etwas die Natur belauschen zu können in ihrem allertiefsten Bilde, in sich selbst, so nett auf den Standpunkt der Nutzlosigkeit und Lächerlichkeit herab. Und dies alles mit ein paar Worten, die so gedankenlos leicht zu sprechen sind.

In sich selbst sind die besseren aus diesem Durchschnitt auch noch lange nicht überzeugt von der Richtigkeit dieser Worte und bohren wohl in sich herum und holen es nur dann wieder hervor mit sammt der Maske der Hoffnungslosigkeit irgend etwas zu erkennen, wenn ihnen die Gedanken eines andern über ihren Kopf weg zu gehen drohen oder sie ihnen sonst nichts Neues entgegensetzen können.

Es ist im Prinzip dasselbe wie der Fatum od. Schicksals Glaube.

Sie ist auch nicht einmal klar und verstanden, diese alberne Phrase. »Von unserer Natur uns vorgeschriebene Weg[e]« sagst du nicht wahr?

Danach stellst du dir also den Menschen ungefähr so vor, daß er aus der Zelle, aus der sich entwickelt nach irgend welchen, dir selbst nicht ganz klaren Gesetzen sich weiterentwickelt und er mag sagen schreiben was er will[,] er wird immer [nach] diesen von dir noch unbestimmten Gesetzen gehen.

Gestattest du mir, daß ich dir das[,] was du leicht und thöricht und unverstanden nachgeredet, in einer Form dir erzähle die mir richtiger dünkt.

Erst will ich dir beweisen, daß Denken und Handeln der Weg ist, den wir gehen. Und zwar unser Denken u. Handeln so gut wie das, sämtlicher anderer Menschen.

Jede gedankliche That oder Arbeit jede Bewegung kurz jede auch die allerkleinste Veränderung ruft unbedingt wieder eine Veränderung hervor. Und zwar nur eine Veränderung der äußeren Form. Diese ewigen Veränderungen ein und derselben Sache bewirkt nun die Augen- und Sinnestäuschung eines Vorwärtsschreiten. Eines Weges wie du sagst und wie auch ich vorhin sagte, denn hätte ich gesagt, daß Denken u. Handeln nur eine äußere Veränderung der Urform sei, so hättest du mich da vielleicht nicht verstanden.

Wenn du demnach nun verstanden hast, das [=daß] Denken u. Handeln ungefähr dem Sinn deiner Worte: »von unserer Natur vorgeschriebene Wege« gleichkommt so würdest du nicht mehr sagen: Sagen u. schreiben wir was wir wollen, wir gehen doch die von unserer Natur vorgeschriebenen Wege, sondern unser Denken u. Handeln (was ungefähr dem Sinn von Sagen u. Schreiben gleichkommt) und das von allen anderen Menschen sind die Hauptfaktoren[,] welche die äußere Form unseres Lebens in einem fort verändern.

Oder noch einfacher:

Durch Denken und Handeln geben und empfangen die äußeren Veränderungen der [= die] Form.

So nun werde ich dir den ganzen Senf abschreiben und schön abgeschrieben zuschicken, mein Liebling. Nein, dieses werde ich nicht thuen. Kannst du also verstehen was ich meine

1501–7.	(Koran)	1,75 M
72.	(Heine)	0,25 M
66.	(Andersen)	0,25
1620–21.	(Elliot)	0,50
1261.	(Maupassant)	0,25
548.	(Ovid)	0,25
276.	(Sophocles)	0,25
364.	(Fischart)	0,25
		3,75 M[29]

*

Trotzdem danke ich dir, daß du mich liebst. Du rettest mich oft vor mir selbst.

*

11. 9. 1903. Nachmittag am Ende wo es schon dunkel wird:
Ich blase langsam und genießend den Rauch meiner Cigarette
vor mich hin. Ab und zu forme ich ihn zu einem Ringe. Und
sehe diesen dann ernsthaft nach[30]. Ich denke. Ha! Er denkt.
Was? Hm, mancherlei. Es geht heute gemütlich vor sich,
dieses bunte Gewirr. Wenn ich Revue halte über meine
Gedanken in den letzten 10 Minuten so wären es ungefähr
folgende.
In 8 Tagen auf d. Pariser Reise, etwas über das Regenwetter
und seine angenehme trübe Stimmung, dann na ja auch an Sie,
Frl. Tube, wie du mir so gut gefallen hattest in Leipzig, allwo
ich mit brutaler Hand, Verzeihung einen Moment, ich muß
erst eine neue Cigarette in's Leben setzen. So! also wo hatten
wir denn aufgehört, ach ja, also wo ich dir mit brutaler Hand,
den ganzen Kleinkram von Nachdenken und Klugreden, der dir
so übel steht und den du nie wirst lassen können, vom Leibe
gerissen hatte und du mir da standest mit einer ganz gedanken-
losen Liebe zu mir, mit einer so reizenden hülflosen Liebe, daß
ich[,] wenn ich daran denke[,] dir deine wieder erwachte
thörichte Selbständigkeit, lächelnd und den Saum deines Klei-
des küssend verzeihe, du arme kleine Madonna.
Dann dachte ich weiter was du, dies hörend für ein empörtes
Lächeln entwickeln würdest und lächelte auch einen Moment,
leider nicht sehr vergnügt.
Hierauf folgten einige misantropische Gedanken über die
Thorheit, die in der Selbstständigkeitssucht der Menschen liegt
in welchen auch ich nicht gerade sehr gut weg kam.
Und dann komme ich wohl jetzt auf den Punkt wo ich anfing
dies zu schreiben. Und meine Gedanken also nur mit Recon-
centrierung der alten beschäftigt waren.
Sehen wir weiter, was das cerveau[31] gebären wird. Aha, da sind
sie schon die neuen Gäste.
Bei dem Französischen Worte fiel mir meine arme kleine
Französin ein. Ich mag sie aber nicht, beim besten Willen, trotz
ihrer netten Taille.

Nein, die Beine sind zu kurz und das kann mir das ganze kleine Persönchen verderben. Wie mache ich es nur, daß ich mich um la promenade drücke.

Ach na ja der Bruder aus Amerika[32] revertuus et c'est un bon moyen. Tröste dich, arme Kleine aber du wirst noch viele Schüler haben. Vive la méthode de monsieur Berlitz[33].

Jetzt will sich eine ganze Zeit nicht's einstellen in meinem wackeren Gehirn. Zünden wir uns also eine neue Zigarette an.

Schade, daß Andersen nicht Zigarette geraucht hat. Er hätte sonst ganz gut noch ein 4. Buch schreiben können[34]. Que dite la fume des Zigarettes.

Meine liebe Mutter machte mir eben eine große Meyerbeer-sche Scene, weil ich die Königin Louise aus dem Fenster geworfen habe. Als Begründung gab ich an, daß ich bei ihrem Anblick nicht mehr leben könnte, da sie aus Gyps mit Silber bronciert war.

Welche Entschuldigung aber als ungenügend verworfen wurde.

Darauf hielt man mir noch vor, daß ich den harmlosen Bronce Socrates die Glazze mit Gold bronciert hätte, welches eine eben so profane wie undankbare Handlung gegen d. Geber sei.

Friede sei mit Euch ihr seeligen Gefilde des schlechten Ge-schmacks.

Nachdem ich dies meiner lieben Mutter vorgelesen hatte meinte sie, daß wäre akurat wie Nitzsche und ich würde schon noch mal so enden. Adieu mein liebes Buch. Ich muß jetzt Bücher zum Einbinden bringen.

*

Heine 73.74.75[35]

*

11. 9. Abend. 11 Uhr.

Ich halte es nicht für ausgeschlossen, daß ich dir zeitweilig um der Schönheit einer Andern untreu werde, denn du hast keine Ahnung mein Kind, was mir meine Sinne oft zu schaffen machen, aber es können nur ganz kurze Augenblicke seien. In welchen du dann garnicht da bist und ich auch nicht der bin, den du liebst, sondern ein Stück Erde, daß seine Pflicht erfüllen muß. Meine Sinne sind die einzigen die mir manchmal noch befehlen können.

Ach du manchmal wenn ich da mit mir ringen und kämpfen muß, dann hasse ich dich und verachte dich, daß du weißt was ich manchmal bin und sogar kaltblütig damit rechnest.

In solchen eckelhaften Stunden wo das absolute Weib mich ganz beherrscht höre ich dich ordentlich zu dir selbst reden.

Mag er doch sich bezähmen und sich beherrschen lernen und und wenn er deswegen ein anderes Weib liebt, so werde ich ihm nicht böse sein darüber dem armen Jungen.

O du kalte thörichte Jungfrau, die du dir einbildest Sinne zu besitzen und mich auch mit einer starken Sinnlichkeit zu lieben glaubst, o du kluge Jungfrau was weißt du von Sinnen. Was weißt du von solchen entwürdigenden Tagen an welchen jeder Atemzug jeder Blick und jeder Schritt heißes tierisches Verlangen ist nur nach dem Weibe, nach dem anderen Geschlecht. Wo unser objektives Gefühl Gemeinheit auf Gemeinheit constatirt und oft garnicht mehr ist und ganz verloren geht.

Ja, es ist das Leben, die große treibende Kraft[,] aber sie ist nicht schön wenn man allein ist.

Ach ja du, wenn du es sähest, du würdest mich bedauern und mir vielleicht raten eine Geliebte zu nehmen. Du kannst ja so wunderschön verstehen. Doch nein, – ach ich will nicht diese Seite meines Charakters auch noch in epischer Form behandeln. Sie ist trotz allem Eckelhaften zu schön dafür. Und sie geht dich auch garnichts an, du braves, reines Mädchen, die du noch den gut entwickelten Eckel und ungefähr das Verstehen

dafür hast, wie ein bis an den Hals Gesättigter sich den
wütendsten Hunger vorstellen würde.

*

12. 9. 1903.
Ich habe manchmal Lust mich lang hinzuwerfen die Augen zu
zu machen und laut in die Welt hinauszuschreien: Friede sei
mit Euch, Friede Friede Friede und ganz leise zu mir, indem ich
in die Erde hinabschlafe zu mir selbst: Friede sei mit dir und
Ruhe du trauriges Stückchen Erde.

*

Ob ich Sehnsucht nach dir habe ob Liebe noch zu dir? Ich weiß
es einmal wieder nicht und es ist mir auch so gleichgültig wie
mir heute alles ist.

*

Marc Aurel. Selbstbetrachtungen[36]

*

829. Hegel. Encyclopaedie der philos. Wissenschaften.

*

Da hinter mir erzählt mein Bruder von seiner Amerikafahrt.
Ein armer Kerl, trotz seiner Gesundheit. Da hat er nicht
gefunden was er will, und zurückgekehrt gefällt es ihm hier so
schlecht, daß er sich schon wieder danach zu sehnen anfängt.
Du glaubst du bist complicirt. Ach Gott so einfach so lächerlich
einfach, wenn du nur nicht denken zu müssen glaubtest. Und
gar noch etwas thuen willst.

Ich will ja so gern alles für dich thuen, was wir nun einmal thuen müssen. Aber ich bitte dich laß du es doch, ich kann dich dann ja viel, viel mehr lieben.

Aber nein, du wirst es nicht thuen, wenn du dies lesen würdest würdest du mich einen liebenswerthen Egoisten nennen und ruhig deinen thörichten nutzlosen Handel weiter fort treiben.

Ach du, du kannst mich nicht verstehen und kannst mich auch nicht wirklich lieben.

Wenigstens nicht wie ich es möchte, sonst würde das alles von dir abfallen, so ganz selbstverständlich.

Ja, wenn ich bei dir bin vielleicht auf einige Augenblicke, aber dann, dann regt es sich wieder.

Und du, ja, gewiß mein liebes Kind du bist stolz drauf und begünstigst es und pflegst das nette Pflänzchen, wie eine Mutter ihr kränkliches Kindchen. Du willst mich lieben und doch bereitet dir der Gedanke, daß du wenn wir einmal beisammen wären, und nicht viel Geld hätten für mich und dich kochen müßtest, Unannehmlichkeiten?

Du gefällst dir darin, mich als ein liebes, großes egoistisches Kind zu sehen. Frage dich doch einmal, meine kluge Geliebte, was bist du denn.

Man muß dir erst das eine Spielzeug entziehen, damit du erst einmal einen Begriff bekommst wie lieb du gerade das eine gehabt hast und dann na ja, dann vergißt du die anderen. Hast du es aber wieder, dann regt sich auch wieder das Interesse für die anderen hübschen Sachen und das viel beweinte und nun endlich zurückbekommene Spielzeug wird wieder in Reih und Glied mit den andern gestellt. Und je nach der jeweiligen Sehnsucht hervorgenommen oder großmütig mit der andern in Verbindung gebracht.

Könnte ich dich doch ganz so haben wie ich wollte.

*

O du, ich liebe dich

Ich finde es geradezu unglaublich impertinent und aufdring-
lich, daß du dich überall dazwischen drängelst. Ich kann nicht
lesen. Sofort bist du jedes langweilige, träumerische Mädchen,
was ich eben gerade in Andersen's Bilderbuch erlese, falls ich
Marie Grubbe[37] anfange, gehst du leicht und graziös darin
spazieren. Und wenn ich Nitzsche lese schimpfe ich mit ihm
auf dich[38].
Ich bitte dich jetzo ernstlich etwas zurückhaltender zu sein,
meine kleine süße Minna. Wie war doch gleich dein letzter Hut
und dein letztes Kleid.
Ja richtig sehr sehr nett. Ein ganz bischen zu weit in der
Taille.
Jedenfalls werde ich es erst einmal aufzeichnen.

Nee, es geht heute Abend nicht. Wie man aus den 3 heraus gerissenen Seiten ersehen kann[39].

*

15. 9. 1903. 1/4 12 Uhr Abends.
Wieder sind sie zu Bett gegangen und ich bin so angenehm allein.
Ich habe die beiden Fenster weit aufgemacht und laut dringt das traurige Lied des Regens zu mir hinein. Unten geht jemand häßlich pfeifend langsam vorbei. Irgend so einen vaterländischen Gassenhauer. Ach wie angenehm es wird immer leiser und jetzt hat es ganz aufgehört.
Was ich froh seien werde wenn ich erst einmal ganz allein bin.
Ach wie sie mir alle langweilig sind.
Das heißt nein nicht meine liebe Mutter, aber dieser traurige Bruder der unter dem durchlöcherten Deckmantel seiner Ironie nur zu gering seine eigene geistige Armseligkeit vor sich und anderen verbirgt.
Du hast mir heute geschrieben. Einen Dank für meine Zeichnung.
Nein, ich sehne mich nicht nach dir. Du bist so zufrieden mit deiner eigenen Sehnsucht und ich will etwas ganz anderes. Ich weiß nicht was es ist und will es auch nicht wissen und es ist mir auch ganz gleichgültig.
Ha, ha aber ich will jetzt noch einmal deinen Brief lesen.
»Dein eigenes Leben«? Wozu denn, außerordentlich komisch
Ach es ist alles so nichtswürdig komisch, und so traurig, daß es so komisch ist. − − − Du hast recht. Wir werden uns nicht mehr schreiben. Du kannst nicht schreiben[,] es empört sich immer alles in mir wenn ich dich lese und ich kann es vielleicht auch nicht.

*

Nein wir wollen uns nicht mehr schreiben. Aber ich liebe dich und werde dich lieben, mein Liebling und werde zu dir kommen und knieen vor dir und deine Hände küssen und dich um all das um Verzeihung bitten, was ich dir angethaen habe. Ach es wird schön werden.
Weihnachten. Stille Nacht, heilige Nacht.

*

Paris: Durand-Ruel et Fils, Kunsthändler. Besitzer von Mannet [sic!], Renoir Cézanne Sisley etc.[40]

*

Schiller: Thekla sentimental
   Der Eichenwald brauset, die Wolken ziehn
   Das Mägdlein wandelt an Ufers Grün
   Es bricht sich die Welle mit Macht mit Macht
   Und sie singt hinaus in die finstere Nacht.
   Das Auge von Weinen getrübet
   Das Herz ist gestorben, die Welt ist leer
   Und weiter giebt sie d. Wunsche nichts mehr
   Du Heilige rufe dein Kind zurück
   Ich habe genossen d. irdische Glück
   Ich habe gelebt u. geliebet.[41]

*

16. 9. 1903.
Mein geliebtes reines schönes Mädchen, könnte ich dir doch die ganze Zärtlichkeit geben, die ich heute für dich fühle
Liebe mich immer du, auch wenn ich dich ganz vergessen sollte, ich werde doch kommen und mir von dir den Frieden holen, den du mir geben wirst und den ich dir dann geben werde.

Weißt du noch.

Tanzmusik, Künstlerheim, mein Jesuitenhut, deine beiden Zöpfe, der Abend wo ich zum ersten Mal sah wie schön du warst. Den dicken Smith Milli Kunwald und dazu die schlechte Tanzmusik[42].

Über mir spielen sie eben so denselben Walzer wie den an unserm ersten Abend. Verloren ist sie die Zeit und nicht wieder kommt sie.

Ich könnte heute sterben vor Traurigkeit.

Und wir tanzten ich fühle heute noch deine zarte Taille und immer rum um die große Säule im Künstlerheim.

Tanzen, tanzen, die Welt dreht sich und wir drehn uns um sie.

O meine Geliebte ich möchte heute wieder deine Hand haben mir ist so elend.

*

18. 9. 1903. Spät. Abend.

Ich mag dir nicht schreiben, weil ich jetzt nur immer fühle, dich fühle und was soll ich dir da schreiben.

Ich bin so wunderschön müde heute abend. Ich möchte, daß du neben mir lägest so daß ich deine Stirn küssen könnte und deinen Körper fühlte.

Und dann mit dir träumen. Von friedlichen, schönen Gängen mit bunten Blumenwiesen und goldigen Abendwolken.

Wir beide lägen dicht bei einander und sehen uns selbst spaziren gehen. Weißt du Alles so ganz ruhig.

In aller wundervollen Ruhe, alles fühlen alles genießen.

Ach und wie könnten wir es wenn wir so ruhig beisammen wären.

Meine liebe liebe Minne. Ob du schon schläfst? Gute Nacht mein Liebling[43].

Braunschw. Abfahrt. 4,55
Börsum umsteigen
Frankfurt 1,26
        ab   1,43
in Mainz 2,21.
Abends mit d. Dampfschiff n. Andernach.
Dienstag nach Bonn/Drachenfels m. Dampfschiff
Dienstag Abend nach Köln (Eisenbahn)
Mittwoch Morgen Köln ab 9,7
                an Paris 6,47 Abends.

*

19. 9. 1903 Im Park.
Letzter Tag heute in Braunschweig. Auf einer Bank sitze ich
auf einem Kinderspielplatz. Ach ich bin so froh, daß ich endlich
hier fort komme. Es ist schon Abend.

*

Mein Liebling, ich bin in großer Verwandtengesellschaft. Oh
denke dir, eine Abschiedsfeier mir zu Ehren.
Das grotesk komischste was man sich denken kann.
Ich bin ganz bei dir und habe dich sehr lieb. Gestatte mir, daß
ich dir diesen ebenso neuen, wie originellen Gedanken mitteile
und mein Bruder erzählt aus Amerika

*

Morgens um 4 Uhr in d. Bahn.
Die Morgensonne verkündet sich durch einen orangelimona-
denen Himmel. Nach Paris geht es jetzt das Talent
O wie interessant.
Orangelimonadenfarbig liegt vor mir die Zukunft.
Werde etwas mein Junge. Hü der Zug geht weiter.

48

Schade, daß keine Morgenwölkchen am Himmel sind um mir
Frl. Tube zu grüßen.

*

In Frankfurt.
Ich weiß jetzt was ich thue. Hörst du, mein Liebling. Ich
werde dir diesen ganzen Senf den ich in diesem Buche zube-
reitet habe, dir zu schicken. Hoffentlich verdirbst du dir nicht
den Magen daran. Und dann wollen wir uns nicht mehr
schreiben. Ich weiß genau, daß ich dich liebe und ist es
deshalb, wie du es selbst ganz richtig sagst unnötig. Es wäre
nur Quälerei.
Schreibe mir bitte nur deine holländische Wohnung und
erwarte mich jeden Tag.
Meine Adr. ist: Rue de notre Dame des champs 117 Paris. Adr.
Madm. Fusther.

*

Eben liege ich fürnehm hingestreckt auf den weichen Polstern
eines Koupés zweiter Klasse, ganz allein und bin auf dem Wege
n. Mainz-Kastell von wo aus ich bis Andernach und Köln mit d.
Dampfer fahre auf'n Rhein.
Ich erlaube mir allerlei Frechheiten mit dir. Küsse dich, nehme
dich auf meinen Schoß kurz benehme mich als ob wir zusammen auf der Hochzeitsreise wären. Du wunderst dich eben über
die drei letzten schön geschriebenen Zeilen? Der Zug hält,
daher. Eben setzt er sich wieder in Bewegung. O meine geliebte
Minna warum kann ich dich nicht wirklich hier bei mir haben.
Draußen gleiten sonnige Felder an mir vorbei und alles ist so als
wenn du bei mir seien müsstest. Du, du warum bist du nicht bei
mir.

*

Mainz

Vor mir liegt der Rhein. Es ist schon Abend. Behalte mich lieb
meine liebe Minne. Und schreib mir deine Adresse recht bald.
Ich muß also jetzt wieder einmal Abschied nehmen. Ich küsse
dich mein Liebling. Und vergiß mich nicht, hörst du!
Du es fällt mir furchtbar schwer dir nicht mehr schreiben zu
wollen, denn ich habe Sehnsucht nach dir wie nie zuvor. Aber
ich glaube es ist schöner so und dann – unser Wiedersehen!
à Dieu meine Geliebte à Dieu auf Wiedersehen.

Heft II

Paris, d. 6. 12. 1903
Nach Einschenkung eines Chartreux habe ich begonnen das
schöne neue Buch mit einem Kreidestift, der mir garnicht
angenehm, mit zwei Chartreux schon im Magen, zu Hause und
bei einem warmen Ofen.
Es ist garnicht kühl hier in Paris. Meine nächsten Gedanken
liegen immer neben Paris in Weimar. Und doch was habe ich
denn eigentlich da in dem kleinen Nest. Meine Jugend! Nach
einer normalen Berechnung fängt ja meine Jugend erst an. Und
es ist auch nicht das was mich immer an Weimar denken
macht.
Du denkst ja sicher daß ich dich nicht besuchen werde in
Amsterdam. Und doch werde ich.
Warte mal, was denkst du doch jetzt über mich?
»Ich glaube nicht, daß er kommt, beinahe 3 Monate in Paris
und er noch an mich denken. Bin ich wirklich unsinnig genug
das zu glauben.[«] Dieses schreibst du wahrscheinlich. Und
ohne daß du es weißt denkst du doch immer daß ich komme daß
ich ganz bestimmt komme. Ohne daß du es weißt.
Ich habe mir eine Feder geholt um besser weiterschreiben zu
können.
Was?
Ich denke jetzt so viel an eine Winternacht in Weimar. Auf
einer Brücke der Ilm im Park standen wir zu dreien und das
Wasser floß so schnell und dahinter waren die großen Bäume
die ganz mit Schnee bedeckt waren und ein feiner grauer Dunst
war über dem allem und sie sahen aus wie merkwürdige
beinahe wahnsinnige Gebilde. Und wir drei blickten immer
hinein in diese graue Unendlichkeit von der man nicht mehr

wußte und wissen wollte, was das war oder was es seien sollte. So seltsam märchenhaft und unpersönlich war diese halbe Stunde auf der Ilmbrücke. Wir waren uns alle so bewußt unserer Sehnsucht ohne daß wir ein Wort sprachen. Und ich dachte damals als ich neben dir stand so stark an dich und glaubte nicht[,] daß ich den Kopf den ich nicht sah nur fühlte, hier nach einem Monat küssen würde. Und du hast es gewiß auch nicht gedacht.

Ach ihr Erinnerungen, ich glaube ihr seid die besten Teile unseres Lebens. (Presque Styl de Madm. Tube. 13. III. 1905)[1]

*

Denselben Abend. Nach 3. weiteren Chartreux's.

Du! Ich komme in 8 Tagen zu dir. In 8 Tagen denke dir. Wird das nicht fein. Wirst du dann nett sein und mir gefallen und schön genug. Daß ich es dir bin weiß ich. Ob du es mir sein wirst. Ich hoffe es.

Und noch einen Chartreux, den ich nachträglich noch einmal auf dein Wohl hinuntergegossen habe.

*

Denselben Abend.

Hoch u. her heben mich die ewigen Gefühle, der Trunkenheit nämlich.

Hoch und her wie ich sonst nie bin. Mach morgen kein so aschgraues Gesicht mein lieber, schöner dummer ewiger Max.

*

9. 12. 1903

Ta tatam, ta ta ta ta ta tatam, ta tam, und so weiter, Festmarsch aus den Meistersingern, Müdigkeit, Kafé und Regen draußen,

meine zukünftige Reise, alles das geht mir mit seinen Eindrük-
ken mit einer bleiernen Schwere und Langsamkeit im Kopf
herum. Keine Freude mehr auf sie. Wenig Lust zum Arbeiten
und kraftlos im Inneren. Das sind natürlich nur Folgen würde
ein braver und gesunder Mann sagen. Meinetwegen. Mag er
recht haben.
Nur ein's ist noch nicht erloschen in mir.
Meine Sinnlichkeit, sie zuckt immer wieder auf. Ich glaube
man könnte sie wie einen Aal in Stücken hauen, sie würde in
jedem Stücke mit verdoppelter Stärke weiterleben.
Wie schön wäre das, wenn ich die los wäre. Ich meine die
gemeine Sinnlichkeit.
Wie schön könnte ich leben. Und wenn mein Leben ein Leben
ohne Handlung, meinetwegen.
Draußen vorm Kaffee trabst langsam ein verdeckter Leichenwagen mit Inhalt. Fahr wohl. Du hast den Stumpfsinn hinter
dir. Es regnet, und regnet und meine Seele regnet auch, aber
keine befruchtenden Thränen.

*

Nach 5 Stunden. Abends.
Ha ha (Gelächter)
Ha ha (Gelächter)
Es ist zum Wälzen, das vorige Trauer u. Thränenstück. Jetzt
wogt zur Abwechslung Thatendrang und Kraft in dieser gut
frequentirten Brust. Ich glaube daß meine Individualität, denn
jeder Mensch ist ja trotz ewiger Wiederholung in irgend einem
absurden Unsinn doch Individualität, in einem Stimmungs-
Chamaeleon besteht das noch dazu falsch geschrieben ist. Mit
Heine und Jean Paul unterscheide ich mich durch gänzliches
Nichtbesitzen ihres sich auf Augenblicke und Stunden gänzlich
Vergessen Können.

*

Kaffé Rouge.
Endlich bin ich beruhigt, an einem sehr schönen Gesicht etwas
Häßliches gefunden zu haben.
Nett nicht wahr.

*

Ich habe eben constatiert, daß ich sie nicht mehr liebe, und es
mir jetzt [ist] als ob ich etwas sehr Schönes verloren habe.

*

Scherzo:
Vielleicht liebe ich dich doch.

*

10. 12. Es ist ja eigentlich bald Weihnachten. Wie man hier so
garnichts davon merkt in Paris. Die Tage schwinden und zeigen
mir wieder einmal die Unsinnigkeit aller Zeitbegriffe.
Mut zum Stumpfsinn des Lebens erfüllt meine Berichte des
Lebens, dessen höchste Freude ein ganz schwacher nebeliger
Abklatsch von einer Freude ist, wie ich sie möchte. Und die
wiederum auch nur ein Abklatsch ist, da ich es ja nicht einmal
fertig denken kann ta tara ta ta ta ta ta tarata. Blühendes Leben
und blühender Tod. Wenn ich mir einmal einen Gott vorstellen
müßte so könnte ich ihn famos als Symbol des großen Stumpf-
sinns gebrauchen.
Wenn ich nicht zu müde wäre überhaupt etwas zu denken, da
mich selbst das Denken langweilt mit seinen langweiligen
philiströsen Grenzen. Gott, oder sind es vielleicht gar keine
Grenzen und ist es alles so unbedeutend [(oder so groß) bitte je
nach der Stimmung zu wählen][2] wie es uns erscheint und wie
wir es denken können.

*

Abends. 1 Uhr. Chez moi.

Habe mich heute Abend einmal wieder recht dumm benommen. Diese verfluchte Ironie, die ich nicht lassen kann und die ich doch eigentlich als thöricht und dumm verachte. Alles Eitelkeit, kindische, thörichte. Und warum. Und vor Menschen die mir gleichgültig sind, ich brauche sie also. Na, ja.

*

11. 12.

Thränen müßten laufen. Es sind ja so nette kümmerliche Erleichterungen. Aber leider geht mir auch dieses famose Wasser ab. Jedenfalls will ich es noch einmal schreiben. Und Thränen müßten laufen, da ich es nicht kann weint um mich.

*

Place St. Sulpice 6^3.

*

Départ 12^{40} Paris
      5^{11} Bruxelles
      5^{36} ab.
      6^8 Malines
      6^{37} ab.
      7^{31} Anvers
            Roosendael.
      7^{50} ab „
      8^{28} Dordrecht
      8^{55} Rotterdam
      8^{59} ab „
      9^{20} La Haye ⎫
    10^6 Leyde   ⎬ Zugw.
    10^{10} Amsterdam

*

12. 12. 1903
Abends 12 Uhr an meinem Atelierfenster. Ich habe keine
Streichhölzer und kann deswegen kein Licht anstecken. Das
Gas von draußen scheint ein bischen herein. Es ist schrecklich
wenn man mit so viel Unruhe und Gedanken nach Hause
kommt und muß sich dann, so wie ich jetzt so ohne weiteres zu
Bett legen. Einfach schrecklich

*

14. Dez vielmehr. 15. 12. Nachts ein Uhr. In meinem Atelier.
Letzter Abend vor meiner Abreise. Wie gewöhnlich. Wenn ich
etwas Handlung in mein Seelenskizzenbuch bringen will, bin
ich nicht ruhig genug etwas interessantes für meinen späteren
Menschen darüber zu sagen. Komischer Weise hat ihre baldige
Nähe einige Veränderungen in mich gebracht. Ich sehe sie
wieder schöner lieblicher und nicht in so grausam häßlichen
Gedanken wie ich es noch vor kurzem gethaen habe. Soll ich es
bereuen? Nein. Ich werde ja doch so absolut von mir selber von
meiner Ironie und von meiner grausamen Zerkleinerungssucht
geleitet, daß ein Bereuen etwas widersinniges wäre.
Ich würde mich so freuen, wenn sie mir Ruhe und Liebe geben
könnte.
Ich möchte sie gerne mit mir haben in dieser kleinen schönen
närrisch erhaben[en] Welt, wenn sie nur Kraft hat, mich zu
bezwingen.
Doch nein sie ist ein armes ohnmächtiges Mädchen. Wenn sie
nur ohnmächtig ist. Denn dann kann ich sie am meisten lieben.
Starke Jungfrauen sind so lächerlich. Ich möchte, daß sie mir
alles geben möchte, damit ich das alles zurückweisend sie ganz
lieben könnte. Gute Nacht Minne. Weißt du daß ich zu dir
komme?

*

Rosendahl. 15. 12. 1903.
Nach einem möglichst theuern Abendmahl befinde ich mich
wohl im Saal a manger. Bald bin ich in Amsterdam. In mir ist
Weihnachtsstimmung mit Überraschungen.

*

Madame. Sur mon piano est une boite noir avec des lettres.
Voulez-vous m'envoyer les trois, qui ont des timbres hol-
landaises, il sont deux lettres et une carte postale – toute suite
dans une lettre rapide. C'est pour une adresse perdue.

M. Beckmann[4].
Lodegast.

*

In der Bahn schon weit von Rosendahl. Ist es nicht unglaublich
komisch jemanden und noch dazu seine Braut besuchen zu
wollen und ihre Adresse zu vergessen.
Meine einzige Hoffnung, die Adresse noch zu finden ist der
Name Lodegast, er kann aber auch aus Andersen seien. Vieleicht Lodewyks. Na das arme Adreßbuch wird schwitzen.
Sonst kommt die Depesche in Anwendung.

*

Abends 1 Uhr in ein Kaffé

Amsterdam
Also nun bin ich hier. Voila. Die Adresse habe ich glaube ich
auch gefunden. Wir werden also sehen. Merkwürdigerweise
habe ich Recht gehabt mit Lodewycks.

*

In meinem Hotel. Noch etwas später. Ich glaube es ist das erste
Mal, daß ich mich hinsetze um über eine Stadt zu schreiben, in

meinem blauen[5] so wie in den anderen Büchern. Aber dieses Amsterdam ist wirklich zu reizend. Ich bin heute Abend nach dem Kaffé noch etwas drinnen herumgebummelt. Der Nebel legte sich über all diese kleinen bunten Häuser mit einem zarten Schleier und da leuchteten sie so märchenhaft. Die Grachten spiegelten so eifrig und ernsthaft alles wieder was sie sahen und die Lichtkugeln sahen alle wie verschleierte Sonnen aus.

Und dann ist sie doch auch überall hier gewesen und wird doch wieder weiter hier sein und ist vor allen Dingen noch hier.

Ich wollte es schneite über Nacht, daß ich sie im Schnee begrüßen könnte. Und mein Hotel ist sauber und nett und der Kellner ist so brav und trägt einen Klemmer und ich bin so brav wie selten und über Amsterdam liegt ein Dunst der mir merkwürdig zusagt so märchenhaft träumerisch, duselig kann man meinetwegen auch sagen. Dieses gemütliche Gequäke der Holländer und ihre noch gemütlichere Sünde die sich hier mit überraschend breitem Hinterteil auf allen Straßen breit macht sind so riesig scherzhaft und gehören so zu dem ganzen Ensemble, daß ich nichts davon missen möchte. Ob ich dich morgen schon treffe? Und wie wird uns Amsterdam morgen gefallen.

Nous verrons. Gute Nacht.

*

Amsterdam
Franciskaner Abend 1/2 5.
Getroffen. Sehr schön zufrieden müde weiter sehen.

*

1/2 11 Uhr Abends.
Noch schöner in der Stimmung und noch müder. War in einem

Concert Beethoven Schubert Winterreise. 3 Reihen vor mir
saß sie und ich konnte immer ihren reizenden Hals sehen und
manch mal ihr Gesicht, wenn[6]

*

Drei rausgerissene Blätter! Wie ist das schön daß ich sie habe.
Wie schön.

*

Ich verliebe mich thatsächlich immer mehr in dich du.

*

In irgend einem Concert Kaffé in Amsterdam. 1/2 10 Uhr
Abend.
Da ich ja nun also in Amsterdam sonst eben weiter nichts zu
thun und mich wohl fühle und mit vielen zärtlichen Gedanken
so nebenher an dich denke, müßte ich ja nun eigentlich auch
etwas über Rembrand schreiben, doch jetzt erscheinen
Moment Verzögerung irgend ein Variete-Couplémensch will
singen, es ist eine Einlage in dem Café-concert und da kann
man doch mit dem besten Willen nicht schreiben.
Also über Rembrand. Manchmal sehr schön, die Nachtwache
find ich langweilig, ich finde alle können nicht gegen sein
Braunschweiger Familienportrait an, am schönsten ist Franz
Hals und dann Terborg und van mer van Delft[7].
Großes Interesse für Malerei scheint nicht vorhanden, was? Ce
ne fait rien.
Ach mir ist das auch wirklich alles höchst egal. Aber morgen
früh treffe ich dich wieder[8].

12 Uhr Abend. In meinem Hotel.
Meine liebe, liebe Minne. Gute Nacht. Allmählig ziehen ganz neue Gefühle für dich in mich ein. Und sehr schöne[9].

34

67

tralala, draußen läuten die Glocken von Amsterdam. Ich bin müde und traurig. Warum? Wahrscheinlich, weil ich sehr gut gegessen und getrunken habe[10].

45

73

Paris. 2. Januar. 1904.
Es ist zu Ende zu Ende. Denn ich konnte sie nicht lieben so gern
ich wollte. Adieu mein Liebling und werde glücklich.

*

Kafé Rouge
Ach Gott wie tragisch. Mir ist es merkwürdig gleichgültig
dieses Ende einer sogenannten Liebe die ein ganzes Jahr ge-
dauert hat. C'est drol. Jedenfalls werde ich dir zu Ehren Minna
Tube noch einige Absinths trinken diesen Abend und bei jedem
neuen sagen: »Prost Fräulein Tube. Prost.[«]
Hurra.

*

Closerie[11] 12 Uhr.
Ich muß noch viel trinken um in sentimentale Stimmung zu
kommen. Prost Minna Tube auf ihre Entsagungsschmerzen.

*

Denselben Abend etwas später.
Ob ich wohl jemals aus diesen ewigen Wiederholungen heraus-
kommen werde. Zum Beispiel jetzt wiederhole ich mich doch
schon wieder vom Anfang dieses Buches an.
Prachtvoll einfach. Und auch so gleichgültig wieder.
Wenn ich nun wirklich einmal etwas ganz Neues wäre, würde
das irgendwie von Wichtigkeit sein.
Je ne crois pas. Ich würde dann nur eine Reihe von neuen
Wiederholern erzeugen.

*

Vor mir sitzt einer und schreibt und macht so'n Gesicht als ob
er dichtete. Oh Gott ist das komisch.

*

74

Ist es nicht eigentlich fein, große schöne gleichfühlende Menschen mit Füßen treten zu können!

*

Vor mir sitzt einer der hat so'ne Art Herzkrampf. Links sitzt einer der dichtet mit angstvoll Reime suchendem Gesicht, dann rechts plein de Sexualität und ich lachend über alles, das ist so recht die Stimmung nach meinem Sinn.

*

Schon nähert sich die sentimentale Stimmung, man singt schon Maienlieder und schreibt überlebensgroß[12].

*

Aus ist's zwischen uns Frl. Tube aus, ganz aus.

*

Ta taran ta ta ta ta ta taranta.
Ich weiß nichts mehr und muß darum noch mehr trinken

*

Ja richtig, doch du weißt ja noch garnichts, denn der Brief ist erst unterwegs. Na ja, da habe ich vorläufig das Gefühl tout seul. Mais ça suffit.

*

Ich habe mich ja einen Augenblick geschämt noch einen 6. dernier zu bestellen. Dann aber auch sofort[13]

*

6. I. 1904. Paris chez moi.

Als ich mir dieses Buch kaufte, war ich glaube ich zufriedener wie jetzt. Meine Jugend ist wohl nun beendet, nachdem ich mit ihr zu Ende bin. Lebe noch einmal wohl. Ich bin müde und traurig, aber nicht über uns sondern über mein wunschloses Wünschen, über meine Gier nach etwas Unbekannten, über meine Unruhe und überhaupt über mein Dasein.

*

Frieden sei mit dir[14].

Heft III

Ich habe eben eine Seite herausgerissen, weil ich einige sehr törichte und und dumme Sachen über sie geschrieben hatte. Es ist nicht nötig und außerdem hat sie das auch nicht verdient in meinem Andenken.

Wenn sie gewußt hätte wie dumm ich wäre, daß sie mich durch ein paar Raffiniertheiten in ihrer Toilette oder in ihrem Wesen ganz hätte haben können, vieleicht hätte sie dann nicht ihren Stolz gerade in dieser Beziehung so entwickelt.

Ich bin müde heute und gewiß erlabungssüchtig. Draußen ist warmes Frühlingswetter. Frühlingswetter. Voringen Frühling ging Mili Plump verlassen und künstlerisch und [=wund?] umher. Diesmal thuts Frl. Tube. Ach Gott vielleicht ziehen sie zusammen und in genießen ihren Schmerz einheitlich.

Ich freue mich schon jetzt heftig auf den Moment wo ich einige Schöpfungen von diesen beiden Musterexemplaren von Poesie und Geradheit zu sehen bekomme.

So mein Junge, (Gott wie komisch sich »mein Junge«, geschrieben macht.) jetzt hast du dich selbst etwas gezüchtigt. Nunmehr kannst du brav weiter schreiben.

Ich schreibe viel mit aus dem Grunde weil mir das Schreiben heute Vergnügen macht, das Schreiben an sich. Mag sein, daß die Feder so gut ist oder daß ich heute besonders witz- und geistsprühend veranlagt bin. Was machts. Das ist ja alles nur relativ, wie Kunwald sagte[1]. –

Eins thut mir leid jedenfalls: daß ich nicht noch mehr Vergangenheit habe, um darin schwelgen zu können.

O Minna Tube wie beneide ich dich und deine Liebesschmerzen. Koste sie nur tüchtig aus. Hoffentlich gehst du nicht daran

zu Grunde. Bleib stark hörst du und suche deinen Schmerz zu gestalten, dann wird er dich Sch[w]arz [?] machen.
Lieben wirst du nur mich dein Leben lang. Ich hab dich in meinem Netze aus dem du nicht mehr heraus kannst und wenn ich wollte müßtest du alles vergessen was ich dir gethaen und müßtest mich wieder küssen und mir dienen. Arme reiche Sklavin.

*

Bin so ziemlich aufs äußerste na meinetwegen. Wieviel ich heute Abend getrunken habe will ich garnicht herschreiben.

*

15. 1. 1904.
Jean Paul: ein Poet sitzt wie eine Nachtigall (der er an Gefieder, Kehle und Einfalt ähnelt) oben auf einem Baum und sieht die Weiber Fallen stellen und hüpft hinunter und hinein

*

J. P.: Die Dichter wären nichts als betrunkene Philosophen

*

Leute, die nicht einmal ich sagen

*

Kochbuchrezept zu einer guten bürgerlichen Liebe.
Nimm zwei junge große Herzen wasche sie sauber ab, in Taufwasser oder Druckerschwärze deutscher Romane, setze sie an's Feuer u. an den Vollmond und lasse sie aufwallen, rühre sie fleißig um mit einem Dolche nimm sie heraus garniere sie wie Krebse mit Vergißmeinicht oder anderen Feldblumen und trage sie warm auf.

*

»Denn die bürgerlichen Mädchen wissen nicht zu reden, wenigstens mehr im Haß als in der Liebe[«] (Jean Paul).

— — —

Bei mir wars gerade umgekehrt.

*

15. 1. 1904.
Eben habe ich den Deckel zugeklappt über den Reliequien meines schönen ersten Frühlings, zugeklappt. Sie ruhen sanft.

*

Groß und einsam steht die Welt nun wieder vor mir.
Noch ist Abenteuerlust in mir vorhanden. Viel sogar. Nach einem Weibe? Schade daß ich mir so wenig zutraue in der Liebe. Doch Minna Tube du hast meinen Geschmack sehr auf den eines Feinschmeckers gehoben. Nun, wir werden sehen.
Jetzt will ich durch die Welt wandern. Zu Fuß und rastlos. Nein nicht rastlos, und wo es mir gefällt, da werde ich bleiben. Und die Schönheit suchen. Du sollst meine Liebe seien heute und immer[2].

*

Paris d. 20. 1. 1904. Bei mir.
Da ich mich heute Abend noch etwas betrinken werde, so sehe ich nicht ein warum ich mein blaues Buch nicht mit daran teilnehmen lassen soll.
Ich habe alles um mich her fein und echt zusammengestellt.
Der Ofen brennt gut, hinter mir brummt der Wassertopf, dahinten steht mein großes Bild[3], lassen wirs stehen und vor mir aufgebaut sind alle Ingredienzen um einen Menschen glücklich zu machen. Das kleine Tischtuch reflektirt hell den Schein meiner Lampe wieder und überall leuchtet mir mein starkes Blau entgegen. Doch eben kocht das Wasser auf Wiedersehen.

*

Voila, da bin ich wieder. Aber nicht betrunken, sondern sehr friedfertig.

*

22. 1. 1904.

Es wird mir beinahe schon langweilig immer Closerie de[s] Lilas zu schreiben. Zu schreiben, daß ich hier sitze, mich für meinen dicken Deutschen interessiere, der zwei Tische weiter von mir sitzt, unruhig noch immer bin, im Café Rouge war und das Forellen Quintett von Schubert entzückend fand.

Und doch, wenn ich mein blaues Buch nicht hab, bin ich nicht zufrieden, denn es ist die einzige Gelegenheit sich einmal ein bischen ausnölen zu können. Weltanschauungen. Ne, die sind mir viel zu unbequem niederzuschreiben, was denn? Meine ewige Unruhe, Reminiszenzen eigentlich garnichts. Ich treibe immer weiter.

Und wenn mein Leben gut verläuft, glänzend meinetwegen was habe ich davon. Ja, nach den logischen Folgerungsgründen alles. Weiterleben, höherheben der Menschheit und dadurch mit das Überunshinauswollen, wenn ich nur diesen verdammten Bacillus los würde.

Nein, nicht glücklich bin ich und in dunkler nebelhafter Ferne zeigen sich Ziele die wiederum nach Zielen deuten. Höhenpunkte der Menschheit die wieder auf weitere Höhepunkte deuten. Denn es giebt kein Ende kann kein Ende geben. Und blind und stark rennt das All hinter dem All her. An ein Ziel was wieder zum Anfang führt. Wie eine Katze die hinter ihrem Schwanz her rennt um ihn zu fangen.

Sollte das Ziel, doch schon die zeitliche Glückseeligkeit sein. Ich habe so unendlich viel Kraft in mir glücklich zu seien. Aber dazu brauche ich Menschen, viel Menschen, Männer und Weiber. Und Zeit.

Ist es denn möglich?

Ja. Es ist möglich und ich will es werden[4].

80

28. I. 1904. (Concert Rouge)[5]
Kunwald schrieb mir heute, durch Feigerl[6] erhielt ich den
Brief. Toujours la même chose. Traurig höflich und unbefrie-
digt an Feigerl, an mich nur traurig und unbefriedigt.
Ja, da ist nichts zu machen. Ob wohl in meinem momentanen
Leben einmal ein Abend kommen wird an dem ich nicht
unbefriedigt zu Bett gehen werde.
Ich glaube nicht.

*

Kloserie. 28. Wieder einmal am Ende. Das übliche Buch vor
mir und in mir[7].

Ich komme hier so oft her, daß sich die Kellner schon darüber amüsieren. Vielleicht auch über unser gestriges Betrunkenseien. Je m'en fiche. Immer dieselbe Luft immer derselbe Trübsinn und gleichzeitig Schaffensdrang. Abschaltungstrieb. Wenn ich nur erst wieder unterwegs bin. Das ist ach nicht so.

*

Closerie. 29. I. 1903[8]. 12 Uhr.
Was ist das alles rastlos und stumpfsinnig, diese Sekundenskizzen. Ich könnte heute Abend wörtlich wieder dasselbe über mich berichten. Meine Akten zeichnen sich nicht gerade durch viele Variationen aus. Einzig ein Weib kann meine einzige interessante Seite zu schwingen bringen. Ist das nicht traurig und lächerlich. Ohne diesen zweiten Menschen bin ich nichts, haltlos, gedankenlos und unruhig.

*

Jean Paul: [»]sein zuweilen in Gestalt einer Thräne in's Auge tretendes Herz..«

*

Derselbe: Dann quollen endlich, wie Lebensbluth aus den geschwollenen Herzen, große Wonnethränen aus den geliebten Augen in die geliebten über.

*

Plötzlich stand er auf wie von einer unermeßlichen Begeisterung gehoben und sagte leise, sie anschauend: »Klotilde! Dich, Gott und die Tugend liebe ich ewig.[«]

*

Er ging mit einem sich selber vollblutenden Herzen

*

»Wie ein Verklärter an eine Verklärte neigte er sich zurückge-
zogen an ihren heiligen Mund«

*

(witzig nicht?)[9]

*

Den zweiten Februar 1904. Dienstag.
Vor einem Jahr. Wie unendlich lange ist das schon her. Da war
ja wohl M T meine große Liebe. Warte mal. Habe ich sie
eigentlich wirklich geliebt.
Ich kann es wirklich nicht sagen

*

5. Februar, 1/2 1 Uhr 1904.
Übliche Reminiszenz. Sehr guten Rotwein, in Moulin de
Galate[10] getanzt mit einer alten Kocotte, einem Provinzial-
dienstmädchen und einer Negerin, wenig beliebt bei diesen, da
ich schlecht tanzte und schlecht französisch sprach
Alles mit ziemlich bewußten Stilstimmungsgefühl ohne
eigentlich irgendwelche Stimmung zu besitzen.
Jetzo also Kloserie
Hier in Cigarrenqualm, norwegisch sprechen, sich selbst und
anderen teils interessant teils lächerlich vorkommend bei dem
bewußten Rotwein. Oh du armer armer Kerl, du kannst nicht
einmal traurig sein über verlorene Schönheiten,
Na denn nicht. Eben ist eine neue Flasche Rotwein gekommen
Es ist noch lange nicht 2 Uhr. Also Prost Minna Tube

Zum letzten Male, Obgleich ich[11]
Prost.

*

Da sitze ich nun und höre zu. Und möchte gern[12]
Na also lassen wirs. Der edle Munch wel[cher] mir gegen über
sitzt[13]. Ja ich möchte ihn gerne kennen lernen. Mein Herz
sehnt sich nach Menschen, Menschen die auch leiden wie ich
Denn ich leide auch. Eigentlich immerzu. Wenn ich mir recht
klar werde. Was wäre sonst die ewige Unruhe.

*

Georges [?] 5. II. 1904. 8 Uhr Abends.
Es giebt so kleine, ganz abgerundete, ich möchte beinahe sagen,
bürokratenhafte Selbstbewußtseins, denen man ansieht, wie
sie eigentlich mit sich zufrieden sind. Nicht sehr. Nein, sie
sagen sich indem sie sich im Geist unter ihren Bekannten
umsehen, ja ganz gut, na ja der andere nee, da der geht, aber
immerhin, ich verstehe sie doch alle so ziemlich. Ich habe das ja
auch alles, nur in hübsch abgerundeter Form und weiß darum
wer ich bin. –
Er ist durch nichts aus der Fassung zu bringen, spricht aber
auch nie von sich und trotz alle dem weht durch alle seine
Reden ein Hauch, dieses wundervoll fertigen, ekelhaften
Selbstbewußtseins. Nicht viel, wie gesagt, aber so daß man es
doch immer fühlt[14].

*

Rouge, 9 Uhr.
Es giebt Leute, die, wenn man sie bittet irgend etwas zu
besorgen, es stets vergessen und nie thuen und wiederum
andere die etwas besorgen für uns, wenn wir es schon längst
vergessen [haben] oder es schon wieder unangenehm ist.

*

84

7. II. 1904.
Wiederum Closerie des Lilas (was übrigens Fliedergärtnerei
heißt, wie ich neulich erfahren habe[)], wiederum Rotwein,
nicht ganz so gut wie der auf den vorigen Seiten. Habe eben den
ganzen inhaltlosen Stimmungströdel noch einmal durchgele-
sen und bin sehr zufrieden, daß ich noch über eine halbe
Flasche Rotwein vor mir habe. Das ist alles. Vor mir liegt der
Schoppenhauer. Pflichtschuldigst. Und trotz ihm hab ich gar
keine Lust weiter in diese stumpfsinnigen blöden Mysterien
eines Menschen einzudringen, der bei lebendigem Leibe ver-
trocknet scheint. Ich will leben ich schwöre es tausendmal. Ich
will.
Und wenn ich meinetwegen es jetzt nicht einmal wünsche,
so findet sich doch dieses Gefühl beinah automatisch in
mir.
Ich will und werde es nie können. (wie mir gerade einfällt)

*

Closerie
11 gleich 12 Februar.
Also mein Geburtstag. Ich halte es natürlich auch für Unsinn
deswegen ein Fest zu feiern und mich in Rotwein wieder einmal
zu betrinken, aber es ist doch so ein netter Anhaltspunkt und:
eigentlich brauchte man die ja auch nicht – da ich diese aber nun
doch einmal noch nötig habe. Es ist aber auch nicht wahr so
benutze ich ihn eben.
Das muß übrigens ein merkwürdiger Satz geworden sein. Na
also vorläufig bin ich noch nicht betrunken.

*

Prost Minne Tube, ich werde dich solange anprosten bis ich
eine andere liebe oder – – –
dich wieder[15].

Artistes indépendants 20 Februar

*

Grandes Serres de la Cour de la Reine[16].

*

Madam Poupart Rue Dancourt dix.

*

18 oder 19 Februar.
In der Nacht von 11 bis 12 Februar habe ich ihr noch einmal geschrieben. Ich war betrunken. Der Brief handelte von Frühling, Liebe und Minne, am 16. Dienstag es war gerade Mardi gras, letzter Carnevalstag erhielt ich ihn uneröffnet zurück[17].
Ich muß sagen daß mich das aufrichtig gefreut hat. Wenn sie mir wieder gutmütig und liebevoll geantwortet hätte, wär ich gestorben vor Langweile ich armer Kerl.
Übrigens, ich schrieb den Abend am 12 Februar 3 oder 4 Briefe an sie[,] die mir alle zu schlecht und zu geschmacklos waren und die ich zerriß, in einem stand schon die Frage ob man mir den Brief uneröffnet zurückschicken würde oder nicht[18]. Fein war das von dir, jetzt kann ich wieder mit frohen stolzen Gefühlen an dich zurückdenken[19].

20. II. 2 1/2 Uhr
Morgens.
Da bin ich noch.
Bin noch wach und möchte nicht geboren seien und muß doch
leben.
Vorhin kam ich bei einem Haus vorbei. Dort war Tanzmusik
leuchtende Fenster, die Thüren waren offen und die Gestalten
wogten aneinander vorbei.
In der Closerie war oben auch Tanz. Alte bekannte Walzer-
melodien hier und dort.
Ich habe lange vor dem Hause gestanden und zugehört und
gesehen. Erinnerung und Freude an die menschliche Freude.

*

21. II. 1904.
Concert Rouge
Habe mir heute meinen Bart abnehmen lassen. Max Beck-
mann[20]

*

21. II. 1904
Endlich einmal allein in Closerie. Sonst fast jeden Abend
ensemble mit autres. Da sitze ich nun wieder und fühle mich
merkwürdigerweise wohl. Es ist momentan nichts in mir
weder Traum, Schmerz noch Entzücken oder gar Freude auch
nicht Stumpfsinn. Rien mais aimable.

*

Es muß heute d. 24 oder 25 seien, jedenfalls ist es entsetzlich.
Ich muß heute Abend zu Hause bleiben und möchte gar-
nicht.
Eben über [mir] empfängt mein College oder confrère sein
Weib. Mit finsterem Grollen höre ich das.

Ach ich möchte, ich möchte nur hier raus aus diesem alten Nest, wo ich mich unwohl fühle bis zu verrecken. Oben bruntst man über mir rechts unten pfeift jemand und unten im Hof ist Conciergengeschrei. Weder Ruhe noch Frieden hat man in diesem gräßlichen Paris. Na, essen wir mal n' paar Feigen. Eben habe ich Dehmelsche Gedichte gelesen. Wieder einer, der wörtlich dasselbe gesagt hat wie ich. Was will ich denn eigentlich noch. Neue Schönheiten schaffen. Neue Schönheiten erleben. Neue Schönheiten erleben, das glaube ich nicht. Ja ich werde wohl noch lieben können, und es wird sicher eintreffen. Aber kann die, die ich lieben werde besser sein als sie? Ich wußte die Antwort schon vorher. »Besser nicht aber vieleicht schöner und dann muß ich sie mir erst noch erringen, das ist dann das Neue. Denn ich brauche noch Kampf[,] ich will ihn haben, denn ich bin noch nicht soweit ihn entbehren zu können.

*

Welches Datum es heute ist? Jedenfalls der folgende Tag der vorigen Seite[21]. Ich bin wieder allein, immer allein. Es muß schon ziemlich spät sein. Der Wind saust im Ofen, sonst ist es still um mich wenn nicht manchmal ein übel pfeifender Franzose, die angenehme Ruhe unterbricht. Selbst mein Übermirwohner schläft schon
Da sitze ich nun und denke nach was ich schreiben möchte. Ich habe eben in reizvollstem Durcheinander Andersen[,] Bölsche[22] und Göthe durchgeblättert. Keiner kann mir wirklich Freude geben. Nur ich selbst.
O kommt doch ihr Erlebnisse. Welcher Art ihr auch seien mögt kommt doch kommt. Ich ersticke ja sonst in meiner eigenen Thatenlosigkeit.
Werdet ihr kommen? Ist eins unter Euch, daß mich endlich froh machen wird.

Ich sehe sie ganz deutlich vor mir die große Form von Erlebnissen, alle noch zusammengeballt und nur von Zeit zu Zeit sich trennen und dann einzeln auf mich zukommend, bald schnell hintereinander, bald langsam ganz langsam. Sie sind ja schon alle da.

O wäre ich doch erst weiter.

Ich lache.

*

3. März 1904

Beethoven Quartettabend.

Komme eben da her vor mir meinen Absinth und in Kafé Riche[23].

Im Concert war ein Hals ganz genau so wie ihrer und auch noch dazu ein grünes Samtkleid. Nein dieser Hals. Wie konnte ich nur eine solche fabelhafte Grazie nicht mehr lieben. Selbst jetzt thut es mir noch leid, daß ich nicht trauriger über ihren Verlust seien kann. Ich kann es nicht weil ich darauf warte und es eigentlich gerne möchte. Es ist garnicht unmöglich, daß ich ihr damals abgeschrieben habe um sie vieleicht nachher durch ihren Nichtmehrbesitz stärker lieben zu können. Denn ich kenne mich Gott sei Dank recht gut. Unbewußt noch besser als bewußt.

Ach Gott wenn ich mich doch nur nicht so gut kennen würde. Es ist so langweilig und so temperamentlos.

Übrigens ein netter Widerspruch. Und er ist wirklich unbewußt gekommen, denn ich bemerkte ihn eben erst beim Durchlesen.

*

Ja richtig und nachher kommt meine brave Schwester mit meinem dicken Schwager[24]. Sie sind im Chatelet Uncle d'Amérique[25] um sich Paris und Pariser Leben anzusehen

Heute hoffen sie noch etwas recht unanständiges zu sehen

*

9. III. 1904.
Closerie.
Manchmal denke ich nur ganz flüchtig aber mit einem geheimen Grauen daran ob sie es wohl ertragen wird. Ich möchte so gerne daß sie den Kopf hoch hielte und womöglich mich noch einmal besiegte. Ist das wahr? – Vielleicht.
Komisch wie das eigentlich alles schon so gestorbene Sachen für mich sind. Unwiederruflich gestorben. Wenn ich jetzt erführe dass sie tot wäre. Ich kann mich nicht hineindenken in den Fall. Absolut nicht
Übrigens bin ich heute Abend außerordentlich leer.

*

Die Sehnsucht irgend eine intensive Stimmung ganz und voll genießen zu können bringt uns oft dazu eine eventuale Erfüllung derselben noch zu verschieben, wenn die Umstände uns noch nicht reif und abgelagert genug erscheinen. Es ist merkwürdig und ich frage mich oft[,] ob eine gewollte Stimmung nicht schon den Todeskeim in eben diesem Wollen trägt aber wenn man sie ehrlich will so darf selbst das Wollen nicht schaden. Traurig und komisch ist es aber doch zugleich, daß [=das] wollen. Bezeugt es nicht doch eine innerliche Leere oder zum mindesten Schauspielertalent. Ich glaube es giebt sehr viele Stimmungsschauspieler. Sind sie zu verachten[26]. Nein, eher zu bedauern. Denn es spricht doch immer noch Sehnsucht aus ihnen[27].

94

Heft IV

Fontainebleau. 1. April
Eine gräßliche Stimmung um mich herum. Ich will zu Fuß über
Genf gehen und dann Italien. Das liegt aber noch in so weiter
Ferne, daß ich absolut nicht ausdenken kann einmal dahinzu-
gelangen. Als ich von Paris abfuhr hundsmiserabel und hier
durch Geldmangel und Folgen des Pariser Abfahrtsunwohl-
seins gezwungen, einige Tage zu bleiben. Zu unangenehm ist
doch so eine fremde Stadt. Ich bin nur hier her das heißt in das
Buch gekommen um das zu notiren. Hoffentlich kann ich bald
besseres über meine Freuden notiren. Paris liegt schon weit
fort. Und glückloser bin ich noch lange nicht.

*

Nachts 3/4 2 Uhr
Wenn ich diese Nacht nicht blödsinnig werde dann werde ich es
nie. Vor 2 Stunden blies ich mein Licht aus. Wälzte mich
längere Zeit umher und hat[te] gerade das Thor zum Schlafland
gefunden als Wau hu, hu, hu Wau, Wau, ein braver Hofhund
nebenan an zu bellen fing.
Zuerst eine schwache Hoffnung, daß irgend ein Geräusch seine
Aufmerksamkeit erweckt und er ruhig weiterschlafen würde.
Jedoch nein. Er bellte weiter. Zuerst ruhig langsam in gut
abgetönten Zwischensätzen dann raffinirter. Er läßt einen halb
einschlummern um dann mit einem kurzen Wau, wau hu hu,
wieder aus dem Schlaflande zurückzureißen. Dann schweigt er
wieder, bellt wieder und so fort. Hierauf eine Zeitlang Still-
schweigen.
Ich weiß schon was jetzt kommt. Die Hähne.

Kückerikü einer im tiefen Baß, dann der Diskant und dann der sehr ferne. Alle hübsch in Reihenfolge. Diese sind gutmütig. Sie hören nicht einmal heuchlerisch eine Zeit lang auf wie der Hund (da eben Katzen) sondern hübsch in einem fort und nun setzt der Hofhund wieder ein und ab und zu etwas Katzen. Gute Nacht.

*

6. IV. 1904.
Auf der Bahn nach Avallon. Mein Unglück verfolgt mich. Um mich her schwatzende französische Bauern die jeden Gedanken, selbst jeden fremden Gedanken, den ich verstehen möchte töten. Es regnet draußen und ich bin so leer. Schauspieler des Lebens, der von anderen hören möchte, daß er es nicht sei, so sagt ungefähr Nitsche, das paßt wohl auf mich. Und selbst jetzt noch glaube ich an die Schauspielerwollust der Selbst-erniedrigung[1].

*

Auxerres
St. Gervais[2]

*

Es wird allmählig Abend. Ich pfeife das Ständchen von Schubert und gestatte mir traurig zu sein. Worüber? Vielleicht weil draußen alles so grau ist, vielleicht weil Regentropfen am Coupéfenster hängen, vielleicht darüber weil ich gar keinen wirklichen Grund habe traurig zu seien. Alles andere was ich noch denke ist Spreu. –
Liebe ist eigentlich das einzige Mittel mit dem jede psychologische Schwäche ausgefüllt und sogar zu einer Stärke gemacht werden kann. Denn sie paßt überall hin und läßt sich überall

auch hin stoßen. Also doch glücklich wieder auf Liebe, Liebe das ewige Rätsel.

*

Grau und immer grauer sieht es in mir aus. Ob ich wohl jemals die Freude finden werde. Ich glaube nein.

*

Chattelux[3]. 7. IV. 1904.
Erste Station. (Übliche Touristentagebucheinleitung)
Es regnet sehr viel und zwei mal war es wunderschön, als durch die dicken weichen Nebel und Regenwollken die Sonne durchkam und als ich hier im Maréchal de Chattelux ein reines Hemd anzog.

*

So gemütliche gefräßige Zufriedenheit ist auch was wert obgleich sie scheußlich ist

*

Lorms[4]: Weißwein, müde und Sonne.

*

Übrigens schäme ich mich nicht aber es ist nötig.

7. IV.	0,50	Fr.	Kafé de Avallon
	0,10	″	Apfelsinen
	3,00	Fr.	Déjeuner
	0,70		Zigaretten
	0,40		Ansichtspostkarten
8. IV.	0,70		Flasche Wein
	3,35		Diner
	2,00		Chambre
	2,50		Déjeuner Lorms
	0,60		Café Chassy.

```
 9. IV.  5,00  Chateau Chinon
         2,00  Déjeuner
         1,00  La Selle. Citronenlim.
         0,50  Postkarten
 9. IV.  0,75  Bahn bis Autun
         0,20  tartedels.
         0,30  Apfelsinen
         1,00  Schmiere
10. IV.  4,50  Diner et Chambre
```

am 7 IV. Gesammtvermögen, 92,50.

                    22,35

am 9 IV. Gesammtv.   70,25

Ach was ich pfeife darauf auf das fade Aufschreiben.
Au revoir Honettigkeit[5].

*

7. IV. 1904.
Bis hierher lasse ich die Seiten frei um endlich einmal ein einen
Überblick über meine Ausgaben zu bekommen. Es ist mir zu
widerlich, es nicht zu wissen, da ich doch abhängig bin und all
das leichtsinnige Größe markieren doch nur fadenscheinig ist,
wenn es sich in falscher Art und Weise im Geldausgeben
zeigt.

*

Noch immer Lorms. Wenn ich nicht den Trost hätte morgen
weiter zu kommen, dann würde ich auch noch warten. Ich bin
so allein und so ewig verfolgt, trotzdem. Es ist schrecklich. Alle
Schönheiten. Ach es können ja vieleicht auch nur faulige
Blasen seien: Alle Weisheiten. Das sind vieleicht auch Atome[6]
in den Blasen. Vieleicht? Sie sind es ganz bestimmt. Aber leider

können auch diese Atome wieder wunderschön seien, Frauen. Ach Frauen. Hinter mir Küchengeschwätz. Rechts von mir ein alter schreibender Bauer und vor mir zwei Ansichtspostkarten und dahinter ein Stück Abendhimmel mit Häuser[-] und Baumsilouetten.

*

La Lelle[7]. 1/2 5 Uhr.
Nicht mehr nach einem Weibe steht jetzt mein Sinn eigentlich. Sondern nach der Beherrschung alles Denkbaren. Vieleicht ist der Trieb auch nur Ehrgeiz. Der Trieb zum Herrschen. Aber ich will erst alles wissen. Um später mich selbst weiterleben zu können.
Hier um mich herum ist es recht schön. Zwar würde ich deutsches Kindergeschrei noch lieber hören wie dieses, trotz aller Kosmopolitik. Aber sonst ist es wirklich schön.
Eben verschlingen große dunkle Abendwolken die Sonne. Ich bin hier an den Ausläufern eines Gebirges durch daß ich bis jetzt gegangen bin. Vor mir noch freies Feld und dann überall Berge. Wie schön eben als ich mich von der dunklen Wolkenwand abwandte und die große gelbgoldige Abendwolke sah die die Sonne noch sieht.

*

St. Emilion[8]. Blendender Sonnenschein als ich heute Morgen Autun[9] verließ. Und auch jetzt noch. Ich bin müde und im Begriff zu déjeuniren. Bon appétit Stumpfbock

*

Bletterans

*

Châlons s. Soane[10].
In einem kleinen Stinkkaffé. Toute suite Musik. Vor mir eine
große Brücke über die Soane. Heute morgen dachte ich, ich
würde krank werden und hatte mich schon mit Hospitalien
vertraut gemacht. Jetzt geht es wieder. Und das Bier ist
schlecht. Und ich bin so trübe. Gar keine Zukunftshoffnungen.
Und dann wieder koketiren mit diesem Nichts.
Oben ungefähr 8 ganz stumpfsinnige Musikanten im ganzen
Kaffé 3 Gäste und ein Kellner. Ab und zu wird einer von den
Violinisten verrückt und spielt ein paar ganz hohe Töne während der Pause. Das einzige Schöne ein Stück von der Sonne
beleuchteten Brücke die man durch das blödsinnig vermalte
Kafféfenster sehen kann.

*

Eigentlich kann ich mir kaum vorstellen, daß es noch irgend-
etwas Schönes in d. Welt giebt.

*

Es ist zwar gemein in diesem Local Nitsche zu lesen. Mais –

*

Chalon. 11. IV.
Und morgen reise ich weiter wie angenehm.

*

im Märchen

Genf. 14. IIII. 1904[11].
Das erste Pensionat. Endlich wieder nach langer Zeit: Heimat-
liche Gefühle wehten durch meine Brust als ich die friedlichen
Paare so brav und erstaunt, (sie wirken aber nur auf Fleck-
wirkung erstaunt) dahin ziehen sah. Auch sieht man wieder die
bekannten, auch so vertrauten roten Flecken in Händen von
modisch gekleideten Herren und Damen. Baedeker était mort,
vive Baedeker. Und wirkliche deutsche Bieranpreisungen,
wirklich deutsch, als Franzose müßte man es übersetzen. Ach
schön ist doch dieser Abglanz aus der Heimat. Man fühlt sich
wieder deutsch. Zwischen deutschen Komis und Handlungs-
reisenden erzittert unser Herz in den neuen nie gekannten
Gefühlen der Zugehörigkeit, des Heimatbewußtseins. Na also.
Deutschland

*

Monnaie.

*

<u>Hurra,</u> hurra hurra, hoch über die Häuser weg ragen die Schneeberge und wundervoll verlieren sich die dunklen Tannenflecken in dem durch die Ferne verschleierten milden Weiß. Sie stehen da so märchenhaft so unmotivirt als wenn große Riesen mit Schnee auf den Köpfen des Morgens an dem Bette eines verschlafen um sich sehenden Menschen stehen.

In Bellevue 1/2 Stunde von Genf[12]. Vor mir wieder die weißen Berge. Ich bin so wunschlos so wesenlos, so ohne irgend welche Gedanken. Ich sonne mich bloß.

*

Also ziehen wir wieder weiter. Schön und trostlos ist es.

*

Genf: Auf einer Seebrücke.
So ist es, meine Seele ist vollständig verseucht durch Lesen.
Sie hat ihre Keuschheit verloren

*

Reizend sind doch die Menschen, die groß und stark gebaut, beim Hereintreten in ein Local den Hut schon abnehmen, ehe sie die Thür zugemacht haben. Es entsteht dann eine prachtvolle Verwirrung der Bewegungen. Die Hand, die die Thür schließen soll findet zu ihrem Erstaunen den Hut in sich und irrt nun hilflos hin und her, während der ganze Körper schon nach vorn geneigt im Begriff ist herein zu treten aber durch ein ihm selbst noch nicht klares Hindernis gehemmt wird.
Alles das natürlich nur einen Augenblick.

*

Veyrier[13]

17. IV. 1904. Genf.
Kafé 11 Uhr abends. Wie sich meine Zeitangebungen hier
erniedrigen. Ganz anders als Paris. Es ist mir jetzt schon wie
ein Traum dies Paris und mein Leben dort, aber ein Traum nach
dem ich mich nicht zurücksehne.
Übermorgen werde ich Genf verlassen[14] dann kommt noch
etwas Schweiz und dann Italien. Was es mir wohl bringen
wird. Wieder Enttäuschungen oder vielmehr wieder nicht
Befriedigung[15]?

*

Frankfurt!
Das Reiselied hat vorläufig ein End. Man muß sich wieder
rückwärts konzentrieren. Pêch –, was –

*

Charlottenburg. 28. IIII. 1904.
Wundervoll
Wundervoll,

*

Zu neuem habe ich aber auch wenig Lust. Aber viel Stoff zu
meiner Melancholie habe ich gefunden. Ohne ihn im gering-
sten berührt zu haben[17]

*

kann ich gar keines großen eingen [=eignen?] Gefühles fähig
sein. Immer der Esel zwischen zwei oder auch mehr Heu-
bündeln. Hier hilft nämlich nicht einmal Energie. Sondern das
ist Eltern Mittgabe

*

4. Mai
Englische Radierer
Frank Brangwyn[18] ausgezeichnet. Ätzt so tief daß das Blatt
hoch als Relief wirkt. Er gewinnt dadurch eine außerordentli-
che Kraft und eine beinahe monumentale Größe.

*

Mai 1904.
Sollte ich dich wirklich nie mehr wiederfinden, Minne? Nie
mehr dich sehen? Nie mehr dich treffen[19]

*

7. Mai. Sonnabend.
In einem Kafé, schräg gegenüber ihrer Wohnung. Wäre es
nicht eigentümlich, wenn ich hier immer sitze und warte, daß
sie aus ihrer Wohnung heraustreten soll und sie ist vieleicht
längst nicht mehr hier oder schon lange gestorben.

*

Denkst du noch manchmal an mich, Minkchen

Und nun Liebster, sollst du reiten
Und dir folgt durch blaue Weiten
meine Sehnsucht Tag und Nacht.

Wirst du mir treu bleiben trotz meiner.
Werde ich dich noch einmal sehen Minne Tube[20]

Heft V

In Erinnerung alter Notizbücher, aus einsamen Zeiten[1].

*

30. 12.[2]
Ich glaube kaum, daß das wieder so gehen wird, da mir durch
den Contakt mit Dir eine gewisse Rücksichtslosigkeit im Auf
und Ab meiner Stimmungen genommen ist. Ich habe doch das
Gefühl [. . .][3] es einmal gelesen [wür]de. Aber wer weiß,
vielleicht rede ich mir auch ein, daß ich es niemals jemand zeige
und dann zeigte [ich] es vielleicht, vielleicht hielte ich es auch
aus.
Augenblicklich bin ich in der Bahn, dicht vor dem Stettiner
Bahnhof.
Viel Unsicherheit am Schluß des alten Jahres ob das Neue nun
das Versprechen des Jahres 1912, das ja glänzend war[4] einlösen
wird? Jetzt soll ich reiten[5] und Giese[6] abholen.
Trotzdem ich erst 28 Jahre bin Gefühl von altern und Angst
überholt zu werden. Rennfahrergefühle[7]. Coryphäen beim
Auftauchen neuer Champions. Ziemlich lächerlich. Mißver-
gnügt darüber.
Tiefes und herzliches Gefühl für Dich.

*

Abends im Bett.
Fast noch genau dieselbe Stimmung. Wie traurig und unangenehm, sich immer mit sich selbst abgeben zu müssen. Manchmal wäre man so froh sich selbst los zu sein. Die Aufgabe

kommt einem so undankbar und uninteressant vor. Und doch muß man immer wieder dran. Immer wieder denken, wird Simms[8] mir morgen schreiben. Wird es glücken, daß er das große Bild kauft. Giese, Kaiser[9], Simms, in weiterer Entfernung Aufsesser[10] tanzen fortwährend um mich herum. Aber wieso auch kannst Du volle Aufopferung verlangen, da doch auch Du Dich für niemanden aufopferst. Und ist die Idee Deiner Kunst wirklich so groß? daß Du das verlangen kannst. Ideen finden nur dann selbstlose Anhänger, wenn der Schöpfer sie selbst selbstlos liebt. Und in Deiner Liebe zu Deiner Kunst ist noch zu viel Egoismus. Lerne Dich selbst beherrschen und denke nicht mehr an Erfolg, Anhängerschaft, Prophetenruhm und andere traurige Dinge. Liebe die Natur, Du hast Fähigkeiten dazu, sorge für Hilde und Richard[11] und das sei dein Stolz daß Du für sie sorgen kannst. Und danke Gott 3 mal täglich daß Du Deine Frau hast. Und denke an das Wort des großartigen Begriffs Jesus. Sorge aber sorge nicht zuviel. »Du machst Dir viel Sorge und Plage, aber vergiß das Wichtigste nicht[12]. Große Unfaßbare Begriffe. Rätselvolle geheimnisvolle Energie, die Du das Schicksal der Menschen lenkst, gieb mir die Kraft zur Selbstlosigkeit. Nur durch diese gelange ich zum reinsten Selbstgenuß.

*

31. 12. Wieder in der Bahn diesmal erst nach Reinickendorf Rosental. Ungefähr ähnlich in der Stimmung wie gestern. Etwas gehaltener. Wahrscheinlich M.s Einfluß[13]. Wieder ein bischen mehr Mut und Glaube an mich und meine Kunst. Ja malen will ich. Bis zur Besinnungslosigkeit. Wie schön ist doch dieses Handwerk. Was für ein Genuß. Menschen, Menschen, Menschen. Wie sich die Haut über Ihre Knochen und Sehnen spannt. Wie sich die Individualität so wunderbar und unendlich variiert.
Je sicherer ich in meiner pecuniären Existenz werde um so

gewisser sorgloser und freier wird meine Leidenschaft zur Malerei.

Wenn ich nur diese alte Sorge abschütteln könnte. Aber es wird gehen, ich lasse mich nicht unterkriegen. Ich werde alles das gestalten was ich will. Es wird und muß gehen. Jetzt fahre ich zu Richard[14]. Bin neugierig was der arme Kerl nun wieder anfängt. Mink hat Cassirer[15] eingeladen zur Bildbesichtigung. Meine Gefühle sind sehr geteilt. Aber einige Jahre werden wir wohl noch leiden müssen. Dann sind wir frei. Heute Abend ist Sylvester. Das Jahr endet nervös und zappeliger für mich wie das vorige. Erfolg ist in mancher Hinsicht schwerer zu tragen wie Mißerfolg. Die Möglichkeit des Entschwindens des einmal erreichten macht so unruhig. Wie der Arme in mancher Hinsicht glücklicher ist als der Reiche. Man will doch auch kein absoluter Klotz seien und wenn einem Möglichkeiten zur Bereicherung der Existenz geboten werden, dieselben ablehnen.

Trotzdem ist es immer furchtbar schwer die richtige Grenze zwischen geschäftlichen Beziehungen und dem persönlichen Ehrgefühl zu ziehen. Besonders schwer in unserm Fall mit der Firma C[16].

*

7. Januar. Auf der Reise nach Hamburg im D-Zug[17].
   1.) Auferstehung
   2.) Ausgießung d. H[eiligen] G[eistes]
   3.) Amazonenschlacht
   4.) Radrennen
   5.) Stilleben v. St.
   6.) Selbstportrait v. St.
   7.)   ″   ″ St.[18]
   8.) Hü[h]nerdiebe
   9.) Messina
  10.) Unterhaltung

11. Gesellschaft
12. Portrait Gräfin H.[19]
13.   „   H. R.[20]
14.   „   v. Mutter
15.   „   v. Grethe
16.   „   v. Mink mit violettem Shawl
17.
18. } 3 Portrait v. Simms
20. Judith u. Holofernes
21. Wasserturm
22. Fest
22. Die Gefangenen
23. Atelierakte
24. Kleopatra
25. Kreuzigung Christi
26. Landschaft b. Hannover
27.   „   Wangerooge
28. Der Hirt
29. Landsch. v. Aufsesser
30.   „   v. Stern
30. Sintflut
31. Kreuztragung
32. Doppelportrait an Halle
33. Mars u. Venus
34. Aufklarendes Wetter
35. Durchbrechende Sonne
36. Selbstportrait Simms
37. Christus in der Wüste
38. Landschaft in Hermsdorf
39. Kaiserdamm
40. Liebespaar
41. Beweinung.
42. Der Tanz
43. Kl. Tanz
44. Kl. Landsch. Dr. Schaper

Stimmung wieder etwas gehoben. Buch[22] u. Cassirer erschienen. Waren Sonntag mit T.[23] draußen.
Eben Wittenberge
Pause. Auf Wiedersehen nachher.

*

Gruppe 3. 320
Brodersen Hamburg[24]
1/2 7 Uhr Alster Café
O Jerum, jerum, jerum. Das also war des Pudels Kern. Und wir glauben noch Menschenkenner zu seien. Na mein Junge nun beweiß mal daß Du Energie hast und löffle die Suppe aus. Presque Pastor Diestelmann-Stimmung. Moral von der Geschichte. – Niemals wieder in solchen Angelegenheiten ohne 2 – 3 .. vorher.
Hurenmusik. Dieses Hamburg ist doch ekelhaft. So spießig und gemein.
Englisches Cafestimmung ohne Eleganz.

*

170 für Hilde[25]
Pension f. Frau Wellmann 70 M.
40 M. zum Leben.

*

10 M zu Leben.
15 für Schuhe
Oh Jammer

*

Verkehrsamt Invalidenstr 51

*

1.) Hat der Simms schon 7 Bilder[26].
2) Wäre es sehr schade, wenn sie alle in Hamburg steckten.
Totes Kapital, kann man sie nicht mehr ausstellen.
3.) Jetzt gerade die Kreuztragung[27] das kleinste meiner großen Bilder also das Verkäuflichste.
4) Alle beide sind sie unter dem Preis v. Cassirer.
5. Ist die Herbheit und Nacktheit des Sujets ungeeignet für das Milieu
Falls er wieder davon anfängt, ihn bitten daß er wegen meiner Nerven davon aufhört.
Überhaupt nicht daran denken, sondern mit eiserner Energie nur für die paar Stunden Portraitmalen[28] leben.
Allein spazieren gehen.
Nichts nebenher arbeiten.
Abend nicht mehr in Bett lesen.
Überhaupt nichts sehr interessantes lesen.
Minkenchen fleißig schreiben, und zwar alles auch das ganz nebensächliche.
Nie von dem Verkauf sprechen. Aber auch nicht dran denken.
Dafür aber sehr oft daran denken, daß S. die ersten Leute sind, die sich zu einem Gruppenportrait hergeben.
Recht vergnügt seien.

*

Simms Gruppe VI
3380

*

Donnerstag d 16. Januar. Hamburg
War bei Gabriel Schilling[29]. Wirklich recht gut. Hätte das nicht
gedacht. Bin dann an der dunklen Newa hätte ich fast gesagt[30]
Alster zu Fuß nach Haus. An dem niedrigen Ufer mit den
schwarzen Büschen dahinter die zugefrorene Alster und in
weiter Ferne die langen geraden Lichterreihen der Laternen.
Müde und etwas verzagt am Leben. Nur der kupferrote Himmel mit den stechend gelben Lichtern und die sausende
Schnellbahn mit dem grünen Rauch war schön.
Und der Gedanke an Deine Schönheit und Milde. Was ist denn
ein großer Künstler. Ach so mi[e]s. Wir ziehen Kraft aus
unserer Schwäche meint Hauptmann[31]
Man arbeitet da doch mit schäbigster Unterbilanz.

*

Mittelweg 151.[II]
Frau Sauber[32]

*

Notizen für Dienstag
Tieffenbach anklingeln
Rößler?
Nachmittags
Scheffler[33].

Mittwoch
Schule[34]

*

Blankenese

Lühe.
Alte Parks
Bauerscher Park[35]

Donnerstag 23. 1. 13.
Der Mensch ist und bleibt doch ein R. Schw.[ein?] erster
Klasse. In seiner Mischung von anständigen oder sogar edlen
Gefühlen und einem richtigen Dreckgefühl. Warum ist das
nicht los zu werden.
Alte Geschichte –
Wieder auf dem Weg nach Hamburg.
Ausstellung bei Cassirer[36] gehängt. Als internationale Be-
rühmtheit angekündigt worden. Faut voir
Komisch ist das Leben. Einmal liegt m[an] unten das nächste
Mal der andere droben. Jetzt gehts ja wieder zu den geliebten
S.[37] Recht gut für mich[38].
Mir gegenüber sitzt ein wohlriechender Herr und wir gondeln
gerade durch die Junfernheide.
Wie liebe ich doch Berlin und Dich und den Hermsdorfer
Wald[39]!

D. 10. 3. 12. Hamburg[40]
Abends 1/2 18 Uhr bei Simms. (Bibliothek)
Da ich zu müde bin um etwas ernsthaftes zu machen, schmiere
ich etwas umher. Bin nun bald fertig mit dem Gruppenbild. –
Merkwürdiges Stadium so überhaupt. Ziemlich erfolgreich. In
Berlin soll der Peter[41] krank sein. Mink ist böse weil ich mal
wieder mich verdächtig intensiv betätigt haben soll. Und mir
ist so alles ziemlich schnuppe in der Stimmung, denn ich bin
müde.

116

Höchstens Kunst kann mich noch aufrappeln. Aber ich will nachher noch schlafen.!
Schade wenn man die guten Nerven hat weiß man nichts damit anzufangen und wenn man was wüßte, hat man sie nicht mehr. Ich wünschte mir so dringend die Fähigkeit ganz allein zu seien und nur malen zu können. Ach wie wunderbar. Ganz allein zu seien. Von keinem Menschen abhängig. Und wie gerade ist das gegenteil der Fall. Alles zerrt an mir rum. Und ich kann nicht verschweigen, daß auch ich immer noch notgedrungen etwas an ihnen herumzerre. –
Ein ungemütliches Haus hier. Immer rennt oder springt etwas umher. Fällt etwas um. Es ist als ob der ungemütliche Geist seiner Besitzer noch herumrückt trotzdem sich dieselben doch weit fort in Davos⁴² befinden. Es stimmt aber doch denn es sind die Kinder.

*

Notizen für wenn ich wieder in Berlin bin
1. Reproduktion an Velhagen u. Clasing absenden.
2. Lithographie[n?] für Mary Held.
3) Aufsesser Lithographie.
4) Photographie für Herrn Müller Kunsthndl.
5.) Meine Vormundschaft f. Hilda Hermsdorf.
6. Lithographie an Nürenberg.
7) Rahmen tönen f Titanic.
8 Photo –⁴³

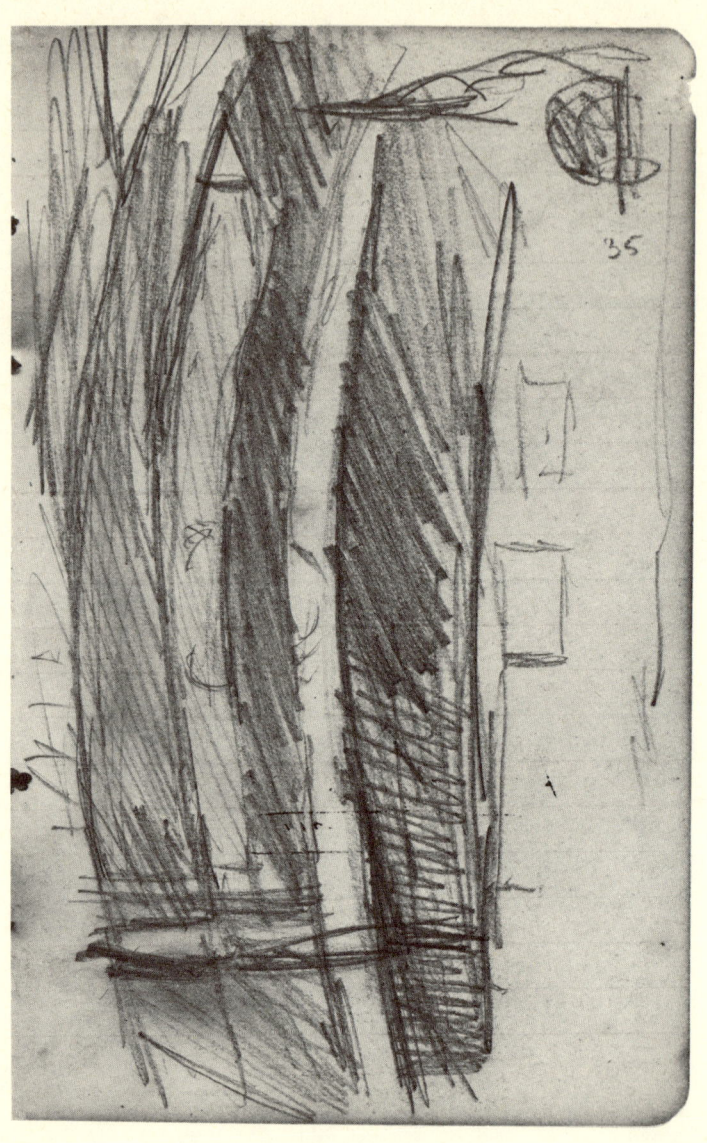

119

Schluß der Vorstellung.
Auf d. Rückreise, von Hamburg nach Berlin. A! Dieu soit béni.
Also 7 Januar – 23 März
91 Tage auf das Gruppenbild verwendet. Das war ne Arbeit.
Ziemlich müde und abgespannt. Jetzt wird 4 Wochen nicht
gemalt.
Ferien! –
23 März. 13.

*

10 000
4 200
1 200
700
1 500
4 000
21 650[44]

*

Für Kurt[45]
Pension und Schulgeld
1050 M
440 M
1600 M.

*

Frühling bei Wilkner Waidmannslust.
1. April. 1913.
Doch noch keine Ferien gehabt. Noch 10 Tage wie verrückt an
der Titanic gearbeitet[46]. Nun ist es wohl vorbei und ich bin
müde.
Eben auf den Weg nach Secession um mein Bild zu firnissen
und die Concurrenz anzusehen. Wieder müde und verzagt
wegen neuer [nicht zu entziffern] trotzdem ich Titanic sehr gut
finde!

120

Wunderbarer Morgen. Vögel singen und ein leichter Dunst
liegt in der Luft
Überall ist Frühling. Nur ich bin matt müde und verbraucht.

*

17 3 13 Hermsdorf[47]
Heute endlich Bild[48] abgegangen. Glaube eigentlich nicht an
Erfolg: Wenn's mir auch in manchem gefällt.

*

Abzüge bei Birkholz[49]
6. Admiralskafé
6. Liebespaar auf d. Tegler See

*

Von Tieffenbach[50]
3. Hölle
3 David u. Batseba
3 Tegler Freibad
Simson u. Delila
Selbstportrait.

*

Im Walde wie den 17 April[51].
Augengeschichte!
Gott sei Dank schon besser. Ganz amüsante tragische Aus-
blicke auf Erblindung gehabt.
Gestern das Stickchen vom Doktor entfernt[52]

*

Die Mystik eines Picasso ist geborgte Götterstimmung alter
Mexikaner und Azteken mit einem Schuß Gotik[53].
Was wir unter Mystik in der Kunst verstehen ist nicht die
hineingetragene Absicht des Künstlers an mysteriöse alte
Volkskulte menschlich affectirt zu erinnern, sondern das
mystische Gefühl entsteht im Beschauer, wenn er im Kunst-
werk die Größe des Naturgefühls des Künstlers bewundert.

Liste der Zeichnungen und Skizzen

Heft I

Blatt 8 recto   Landschaft mit Wolken; Bleistift (von Wiese gibt für die Tagebücher von 1903/04 unter Hinweis auf Skizzen für »Junge Männer am Meer« nur eine, die Nr. 6). – Abb. S. 11.

Blatt 91 verso   Menschen in Landschaft vor einem Feld; Kopierstift (könnte als Ausgangspunkt für »Junge Männer am Meer« angesehen werden). – Abb. S. 43 und S. 136.

Blatt 100 verso   Kostümstudien (an Minna Tube); Bleistift. – Abb. S. 47.

Heft II

Blatt 10 verso   Harfe (?), Skizze; Bleistift.

Blatt 18 recto   Kleine Skizze, Mann stehend mit Instrument (im Café); Bleistift.

Blatt 20 recto   Mann mit Gitarre (Café concert, Amsterdam); Bleistift. – Abb. S. 60.

Blatt 20 verso   Kostümstudien (Reformkleider); Bleistift.

Blatt 21 verso   Kostümstudie; Bleistift.

Blatt 22 verso   Profilskizzen, Bleistift.

Blatt 23 recto   Skizze für eine Figur (sehr flüchtig); Bleistift.

Blatt 23 verso   Ansätze für eine sitzende Figur; Bleistift.

Blatt 24 recto   Sitzende Gestalt von vorn mit ineinandergelegten Händen (Aktstudie einer Frau); Bleistift.

Blatt 24 verso   Wie vorher, jedoch in Dreiviertelansicht; Bleistift.

Blatt 25 recto   Wie vorher, jedoch nur die untere Hälfte; Bleistift.

Blatt 26 recto   Zwei dekorative Studien nach holländischen Jugendstilkacheln; Bleistift.

Blatt 27 recto   Sitzender bärtiger Alter mit Hut und Pfeife von vorn; Bleistift. – Abb. S. 61.

Blatt 27 verso   Porträtskizze eines Mannes mit Schnauzbart (und Rechnungen); Bleistift.

Blatt 28 verso   Drei Skizzen Minna Tube en face; Bleistift. – Abb. S. 62.

Blatt 29 recto	Drei Skizzen Minna Tube im Profil nach links; Bleistift. – Abb. S. 63.
Blatt 29 verso	Männerporträt mit Kneifer nach rechts, dazu Adresse »Kloveniersburgw. Werkenden-Stand«; Bleistift. – Abb. S. 64.
Blatt 30 recto	Porträtskizze desselben Herrn nach links; Bleistift.
Blatt 30 verso	Porträtskizzen en face (Minna Tube?); Bleistift.
Blatt 31 recto	Porträtskizze en face, unfertig; Bleistift.
Blatt 31 verso	Nicht zu definierende Skizze (einer Pflanze?); Bleistift.
Blatt 32 verso	Skizze einer gehenden Dame mit Hut und Schleier, nach rechts; Bleistift.
Blatt 33 recto	Cellospielerin (Dreiviertelansicht, nach links); Bleistift. – Abb. S. 65.
Blatt 33 verso	Cellospielerin von der Seite (nach links); Bleistift. – Abb. S. 66.
Blatt 34 recto	Flötenspielerin sitzend (nach rechts zweimal); Bleistift. – Abb. S. 67.
Blatt 34 verso	Flötenspielerin (größer) nach rechts; Bleistift. – Abb. S. 68.
Blatt 35 recto	Porträtskizzen Minna Tube, einmal en face mit Hut, einmal im Profil nach links, darüber drei durchgestrichene Ansätze zu Porträts; Bleistift. – Abb. S. 69.
Blatt 35 verso	Eine weibliche und eine männliche Porträtskizze im Profil nach links; Bleistift.
Blatt 36 recto	Porträtskizzen: bärtiger Männerkopf nach links durchgestrichen; Frauenkopf (Minna Tube?) en face; Bleistift; untere Blatthälfte herausgerissen.
Blatt 36 verso	Oberer Teil einer Porträtskizze Minna Tube en face, am Rand links Minna Tube im Profil nach links; Bleistift.
Blatt 37 recto	Porträtskizze Minna Tube nach links, darüber durchgestrichene Ansätze zu Porträtskizzen; Bleistift.
Blatt 37 verso	Porträtskizze eines Mädchens mit Stupsnase und kleinem Zopf (nach links); Bleistift. – Abb. S. 70.
Blatt 39 recto	Skizze eines stehenden Mannes, rechten Fuß über den linken gestellt; Bleistift.
Blatt 39 verso mit 40 recto	Die Figur von Blatt 39 recto an einen Baum gelehnt und am Baum sitzend nach rechts eine zweite, in einer Landschaft mit Wolken; Bleistift. – Abb. S. 71 (nur Blatt 39 verso).
Blatt 40 verso	Porträtskizze eines Mannes mit Schnauzbart und Kneifer nach links (vermutlich der Kellner in Beckmanns Amsterdamer Hotel) und, unten auf der Seite, das stilisierte Signet (m in B), das zum erstenmal auf dem vermutlich in Paris gezeichneten Selbstporträt mit der Jahreszahl 1903

auftaucht (von Wiese 4, dort abgebildet auf S. 182); Bleistift. – Abb. S. 72.

Blatt 43 recto   Porträtskizze eines jungen Mannes mit Hut und Schnurrbart, im Sprechen gezeichnet; Bleistift.

Blatt 44 verso   Frauenporträt en face; Bleistift, durchgestrichen.

Blatt 45 recto   Desgleichen.

Blatt 45 verso   Ansatz zu einem Porträt en face; Bleistift, durchgestrichen mit schwarzer Kreide. – Abb. S. 73.

Blatt 52 verso   Zwei unfertige Porträtskizzen nach links; schwarze Kreide.

Heft III

Blatt 1 verso   Zwei Gestalten auf Sofa, rechts eine Stehende, Interieur;
mit 2 recto   Bleistift im grauen Vorsatzpapier.

Blatt 5 verso   Porträtskizze von vorn; Feder und Tusche laviert, mit Bleistift durchgestrichen.

Blatt 7 recto   Ansätze zu einer Porträtskizze; Bleistift und durchgestrichen.

Blatt 9 verso   Frauenporträt nach links, eingerahmt, darüber: »Esther Victoir Queine d'Angleterre«; Bleistift.

Blatt 15 recto   Porträtskizze eines Herrn mit Bart und Kneifer nach links; Bleistift (gezeichnet in der Closerie des Lilas?).

Blatt 15 verso   Inneres eines Cafés (Concert Rouge?) über dem Text vom 28. Januar 1904; Bleistift. – Abb. S. 81.

Blatt 16 verso   Unvollendete Skizze eines Frauenkopfs, teilweise durchgestrichen; Bleistift.

Blatt 32 recto   Quadratisch eingefaßte Skizze eines Interieurs (?) mit drei Gestalten; schwarze Kreide. – Abb. S. 86.

Blatt 34 verso   Sechs Reigen tanzende Jungfrauen auf einer Bühne (?);
mit 35 recto   schwarze Kreide verwischt. – Am Ende der Eintragung vom 18. oder 19. Februar 1904. – Abb. S. 88/89.

Blatt 48 verso   Oberer Teil einer männlichen Gestalt von hinten; nur oberes Viertel des Blattes vorhanden; Bleistift.

Blatt 49 recto   Nicht zu bestimmende Figurenskizze (?); Bleistift. – Abb. S. 94.

Blatt 49 verso   Skizze, Vorstudie zu »Junge Männer am Meer« (?); Bleistift.

Blatt 50 verso   Tanzscene auf einer Bühne; Bleistift (auf grauem Vor-
mit 51 recto   satzpapier).

Heft IV

Heft V

Heft VI

Bei von Wiese Nr. 103 »Skizzenbuch«, in diesem Fall mit Aufzählung der einzelnen Blätter.

Blatt 1 recto   Selbstbildnis mit Apollinaris; links gegenüber »1912–13«, rechts unter der Skizze »Selbstportrait mit Appollinaris«; Bleistift. – Abb. S. 125.

Blatt 3 recto   Porträtskizze eines feisten Mannes nach links; Bleistift.

Blatt 7 verso mit 8 recto, hoch   Landschaft am Stadtrand, bäuerlicher Hof, darüber Wolken, in diesen Farbangaben (von oben nach unten): »violett, blau, grau, rot«.

Blatt 22 recto   Skizze eines Ozeandampfers mit vier Schornsteinen (Titanic), dahinter Eisberg; Bleistift. – Abb. S. 126.

Blatt 22 verso mit 23 recto   Skizze »Titanic« mit drei Rettungsbooten, oben steht »blau«; Bleistift. – Abb. S. 127.

Blatt 24 recto   Skizze »Titanic«, mehr aus der Nähe gesehen, am vorderen Rand angedeutete Rettungsboote, dahinter spitzer Eisberg; Bleistift. – Abb. S. 128.

Blatt 27 recto   Skizze eines Paares, Männerkopf im verlorenen Profil nach rechts, die Frau frontal, ein Auge durch den Kopf des Mannes verdeckt; Bleistift. Das Paar links unten in der Zeichnung »Jazzkapelle«, 1922 (von Wiese 484), entspricht dieser Skizze im Typus der beiden Gestalten wie in der Gruppierung. – Abb. S. 129.

Blatt 39 recto   Skizze wie aus einem Varieté, vermutlich wesentlich später als 1913. – Abb. S. 130.

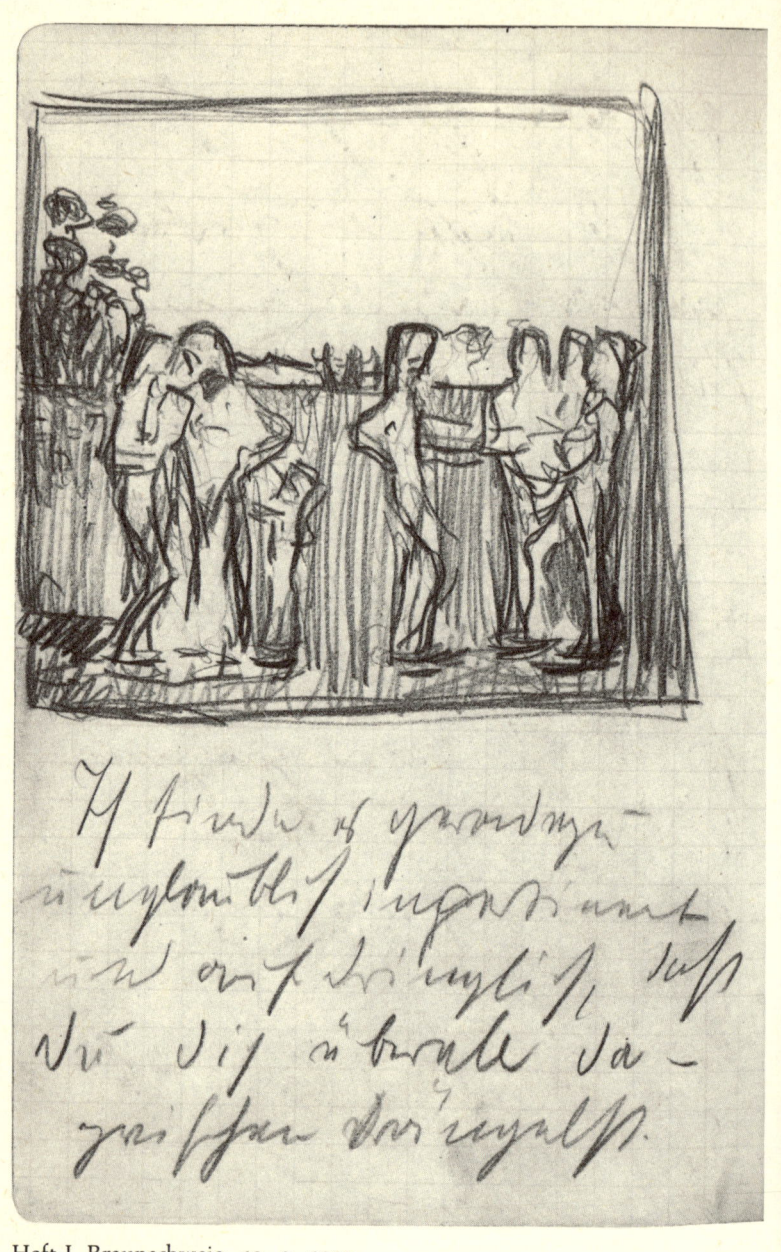

Heft I, Braunschweig, 12. 9. 1903

136

Heft I, im Zug zwischen Braunschweig und Frankfurt, 20. 9. 1903

Heft II, Paris, 6. 12. 1903

Heft II, Paris, 6. 12. und 9. 12. 1903

Frühling bei Wilhelm
Wäschmannslust.
1. April 1913.

[handschriftlicher Text, unleserlich]

Heft V, Berlin, 1. 4. 1913

Anmerkungen

Heft I
14. August bis 20. September 1903

1 Minna Tube.

2 Die jetzt folgende Zeichnung (Blatt 8 recto), eine Landschaft, wird von Stephan von Wiese offenbar summarisch den Studien für das Gemälde »Junge Männer am Meer«, 1905 (Göpel 18), zugerechnet (von Wiese 6), was kaum zutreffen dürfte. – Auf Blatt 8 verso eine Planskizze von Paris: Beckmann hat Tuilerien, Louvre, Palais du Luxembourg, Gare du Nord und Gare de l'Est, den Boulevard Strasbourg, den Boulevard St.-Michel, die Seine und die Kathedrale Notre-Dame angegeben, den Boulevard Montparnasse und die Rue Notre-Dame-des-Champs mit der Nr. 117, dem Haus, in dem er 1903/04 wohnte. Das Haus steht noch. – Nach Blatt 8 sind zwei Blätter herausgerissen.

3 Siehe Minna Beckmann-Tube, S. 164f. – Über das Fest hat Eve Meid, geb. Sprick (1880–1970), berichtet: »Es kam die Hochzeit des Großherzogs. Man spielte die ›Einholung der Heiligen Elisabeth‹ im Park nachts bei Fackel- und Pechpfannenbeleuchtung. Max Beckmann gab sich als Wolfram von Eschenbach mit Lorbeerkranz in einem schwarzen Gewande mit goldenem Mäander. Giese [Wilhelm Giese, 1883–1945] und er hatten sich so viel Gold- tinktur gekauft, daß sie nicht nur ihre Fingernägel, sondern auch die Atelier- fensterscheiben damit dekorierten« (Max Beckmann, »Leben in Berlin. Tagebuch 1908–1909«, kommentiert und herausgegeben von Hans Kinkel, München/Zürich ²1984, S. 60).

4 Erste Erwähnung einer Schrift von Friedrich Nietzsche (1844–1900). Mit »Jenseits von Gut und Böse« hat Beckmann sich damals offenbar intensiv befaßt. Über die Rolle des Schauspielers, über Schauspielernatur und Maske in »Jenseits von Gut und Böse« die Abschnitte 7, 25, 28, 40 und 97.

5 Schloß Belvedere. Siehe Minna Beckmann-Tube, S. 163.

6 Hier sind vier Blätter herausgeschnitten bzw. -gerissen.

7 Siehe Minna Beckmann-Tube, S. 165.

8 Wohl Dauer der engeren bisherigen Beziehung zu Minna Tube.

9 Ralph Waldo Emerson, »Essays«, aus dem Englischen übersetzt und mit einer Einleitung versehen von Oskar Dähnert. 1897. (Nicht in allen Fällen konnten die Ausgaben der Reclams Universal-Bibliothek ermittelt werden.)

10 Beckmann hat hier »Weltabschwörung« in »Weltverschwörung« ver- ändert.

11 Beckmann hat »starken« durchgestrichen und durch »guten« ersetzt.

12 Die Stelle über das Gewitter wurde bereits publiziert in »Max Beckmann. Sichtbares und Unsichtbares«, hrsg. und mit einem Nachwort versehen von Peter Beckmann, Einführung von Peter Selz, Stuttgart 1965, S. 46. – Friedhelm W. Fischer zitiert diese Stelle in »Max Beckmann – Symbol und Weltbild«, München 1972, auf S. 101 im Zusammenhang mit dem Triptychon »Abfahrt«, 1932–35 (Göpel 412), und auf S. 198 in Zusammenhang mit dem Gemälde »Jupiter«, 1930–49 (Göpel 791), das ursprünglich »Gewitter – The Tempest« hieß. – Das von Mathilde Q. Beckmann, »Mein Leben mit Max Beckmann«, München/Zürich 1983, S. 188, erstmals publizierte Gedicht von Beckmann »An Cynthia II« aus dem Jahr 1925 scheint dieses Bild eher vorwegzunehmen. Im Gedicht heißt es unter anderem:
»Doch höre die ferne Musik jenseits des weiten Tal
Auf fremden Instrumenten klingt sie weit zu uns herüber
Die Helligkeit von unzähligen Morgensonnen
Tönt schimmernd in den silbernen Schall ihrer fernen Riesenposaunen«.

13 Friedrich Nietzsche, »Jenseits von Gut und Böse – Von den Vorurteilen der Philosophen«, 8.

14 ebd., Ende 8.

15 Zur Frage Beckmann und Nietzsche umfassende Literaturangaben bei Dietrich Schubert, »Die Beckmann-Marc-Kontroverse von 1912: Sachlichkeit versus Innerer Klang«, in »Expressionismus und Kulturkrise«, hrsg. von Bernd Hüppauf, Heidelberg 1983. – Spezielle Literatur: Ewald Gäßler, »Studien zum Frühwerk Max Beckmanns«, Diss. Göttingen 1974; Ernst-Gerhard Güse, »Das Frühwerk Max Beckmanns. Zur Thematik seiner Bilder aus den Jahren 1904–1914«, Diss. Hamburg, Frankfurt/Bern 1977; Katalog der Ausstellung »Max Beckmann – Die frühen Bilder«, Bielefeld/Frankfurt 1982/83. – Zur Frage des Schauspielers als Künstlertyp der Aufsatz von Kurt Badt, »Artifex vates und Artifex poeta rhetor«, in Kurt Badt, »Kunsttheoretische Versuche«, hrsg. von Lorenz Dittmann, Köln 1968, S. 39ff.

16 Vermutlich die bei Reclam erschienene Ausgabe mit den Anmerkungen Voltaires, aus dem Französischen von Heinrich Hesse.

17 Beckmann schreibt immer »Schoppenhauer«. Bei Reclam erschienen zwischen 1891 und 1894 sämtliche Werke von Arthur Schopenhauer in sechs Bänden, dazu drei Bände »Der handschriftliche Nachlaß«, hrsg. von Eduard Grisebach. Bd. I enthielt »Balthasar Gracian's Hand-Orakel und Kunst der Weltklugheit«, 1891; Bd. II »Einleitung in die Philosophie, nebst Abhandlungen zur Dialektik, Aesthetik und über die deutsche Sprachverhunzung«, 1892; Bd. III »Anmerkungen zu Platon, Locke, Kant und nachkantischen Philosophen«, 1892; Bd. IV »Neue Paralipomena: vereinzelte Gedanken über vielerlei Gegenstände«, 1893.

18 Bei Reclam waren mehrfach Spinoza-Ausgaben erschienen, möglicherweise handelt es sich um »Der politische Traktat«, neu übersetzt und mit einem Vorwort versehen von Jakob Stern, 1903 (?). Es könnte sich aber auch

um eins der anderen, früher erschienenen Spinoza-Bändchen handeln, die Beckmann antiquarisch erworben haben könnte und sich später binden ließ, eine Gewohnheit, die er sein Leben lang beibehielt.

19 Vermutlich ein Zitat. – Die Stelle steht auf einer überschlagenen Seite zwischen dem vorigen.

20 In den zugänglichen Verzeichnissen stimmt für eine Koran-Ausgabe bei Reclam (aus dem Arabischen übertragen und mit einer Einleitung versehen von Max Henning, 1901) der Preis von 1.50 M, aber nicht die Nr. 1043. Die Nr. 1313 findet sich nicht zu Musäus-Märchen in den Reclam-Listen, ebenso nicht die Nr. 1377 für Ossian.

21 Beckmann hat offenbar, von Nietzsches »Jenseits von Gut und Böse« ausgehend, sich weitere Lektüre besorgt.

22 Beckmanns Mutter, Antonie Henriette Bertha, geb. Düber (1846– 1906), litt an Krebs. – Siehe Minna Beckmann-Tube, S. 170 f.

23 Die Familie Beckmann hatte 1891–94 in Leipzig im Haus Rosenthalgasse 12 gewohnt. Vorher Bahnhofstraße 7 (wo Max Beckmann zur Welt kam), Jacobstraße 4 (1886/87) und Lortzingstraße 14 (1890/91).

24 Gemeint ist »partout«.

25 Hans Holbein der Jüngere, »Grace Lady Parker«, Windsor Collection, Inventar-Nr. 12230, Reproduktion in Karl Theodore Parker, »The Drawings of Hans Holbein in Windsor Castle«, London/New York 1945, Nr. 73. – Vorbild für die im Tagebuch mehrfach variierte Skizze einer Dame mit Hakennase im Profil (Heft III, Blatt 9 verso) nicht zu ermitteln.

26 Der folgende Passus, von Beckmann teilweise ausradiert und sechsmal diagonal durchgestrichen, ist dennoch zu entziffern:
»Ein Leichenwagen fuhr eben vorbei drüben spielen sie Theater und ich esse gleich Abendbrot.
Unter manchen Vorzügen des Lebens ist doch wohl der schönste zu stillen des Leibes Not.
Läuft nicht mehr ordentlich der alte Karren, allwo man nennt Phantasie.«

27 Vgl. unter anderem Nietzsche, »Jenseits von Gut und Böse«, »Die Genealogie der Moral«, »Morgenröte«, »Gedanken über Moral«, »Fröhliche Wissenschaft«.

28 Die Beschäftigung mit Schopenhauer wird auch in den späten Tagebüchern 1940–50 immer wieder sichtbar, wo Schopenhauer häufig nur als »Arthur« vermerkt ist.

29 Vermutlich alles aus Reclams Universal-Bibliothek; »Elliot« = George Eliot.

30 Beckmann hat sich auch so dargestellt: Radierung, 1916 (Gallwitz 81), und Lithographie, 1920 (Gallwitz 193).

31 Gehirn.

32 Richard Beckmann (1874–1926?) kam von seiner ersten Amerikareise zurück.

33 Ob Beckmann eine der Berlitz-Schulen besucht hat, ist nicht bekannt. Er hätte demnach nach der Methode Maximilian Delphinus Berlitz' ge-

lernt, im Selbstunterricht (?). – Die Französin war vermutlich eine Sprachlehrerin.

34 Beckmann besaß offensichtlich die Reclam-Ausgabe von Hans Christian Andersens »Sein oder Nichtsein«, Roman in drei Teilen, aus dem Dänischen übersetzt von H. Denhardt.

35 Mit den Nummern nicht zu ermitteln.

36 Vermutlich Reclam-Ausgaben: Marcus Aurelius Antonius, »Selbstbetrachtungen«, neue Übersetzung und Anmerkungen von Albert Wittstock (Nr. 1241–42).

37 Roman von Jens Peter Jacobsen (1847–1885).

38 Vor diesem Passus, der in der Mitte von Blatt 91 verso beginnt, eine Zeichnung, Menschen in Landschaft vor einem Feld, die als Ausgangsblatt für das Gemälde »Junge Männer am Meer« (1905; Göpel 18) angesehen werden könnte.

39 Es fehlen aber vier Blätter, das vierte war offenbar mit Tinte beschrieben.

40 16 rue Lafitte, Paris IXᵉ.

41 Die Piccolomini, III, 7.

42 Weimar. Der Norweger Carl Frithjof Smith (1859–1917) studierte 1880–84 bei Ludwig von Löfftz (1845–1910) an der Münchener Akademie, seit 1890 war er Professor an der Großherzoglichen Kunstschule in Weimar. In der von Smith geleiteten Naturklasse studierte Beckmann von April 1901 bis August 1903 (vorher war er in der Antikenklasse von Otto Rasch, 1862–1952, ab Juni 1900 zur Probe, ab Oktober endgültig). Minna Tube studierte damals bei Hans Olde (1855–1917). Mili Plump (1879–1947) war später mit dem Bildhauer Wilhelm Gerstel (1879–1963) verheiratet. Der Ungar Caesar Kunwald (geboren 1870 in Graz, gestorben 1946 in Kopenhagen) studierte 1901–03 in Weimar bei Smith und 1903–05 in Paris bei Émile Blanche (1861–1942) und Charles Cottet (1863–1925).

43 Auf der Rückseite dieses Blattes (100) Kostümstudien an Minna Tube.

Heft II

6. Dezember 1903 bis 6. Januar 1904

1 Die spätere Eintragung in Klammern vom 13. 3. 1905 offenbar bei einer erneuten Durchsicht des Tagebuchs.

2 Eckige Klammern von Beckmann.

3 Die Nr. 6 ist jenes Haus mit der Fassade von Jean-Jérome Servandoni (1695–1766), das als Vorbild für den gesamten Platz gedacht war. Der Plan wurde nicht ausgeführt.

4 Briefentwurf an die Wirtin in Paris, Madame Fusthe.

5 Der Einband dieses II. Hefts mit graumarmoriertem Schnitt wird blau gewesen sein.

6 Siehe Minna-Beckmann-Tube, S. 166.

7 Beckmanns erster Besuch im Rijksmuseum Amsterdam.

8 Es folgen: ein Mann mit Gitarre auf Blatt 20 recto, auf 20 verso und 21 recto Kostümstudien. Bleistiftnotiz vom 13. März 1905: »Mein Gott wie kann man nur so geschmacklose Einfälle haben, wie diese Reformkleider.«

9 Auf den folgenden Seiten (Blatt 22 verso bis 36 recto) Bleistiftskizzen.

10 Dieser Eintrag oben auf Blatt 36 verso. Ein über den Text gezeichnetes Porträt Minna Tube en face, dessen obere Haarpartie die untere Zeile teilweise verdeckt, ist herausgerissen. Von Blatt 37 recto bis einschließlich Blatt 40 verso Skizzen, auf Blatt 41 recto Additionen in Gulden, 41 verso Rückreiseweg mit der Bahn:

»ab Amsterdam 9,04
in Harlem 9,28
ab Harlem 10,10
in Leiden 10,56
im Haag 11,20
–
ab Haag 7,26
Rotterdam 7,49
ab 59
Dordrecht 7,55
Rosendall 9,08
Esschen 9,20
Antwerpen 10,16
Brussel 11,25
Paris 5,42«

Auf Blatt 43 recto männliches Porträt nach links. Auf Blatt 43 verso Zugverbindungen:

»7,26. nach Paris (Holländischen)
7,03 n. Berlin
9,14 in Arnheim
9,17 ab ,, (Staatsbahnhof)«

Auf Blatt 44 recto: »Spichernstr. 2. Berlin W.«; vermutlich die Wohnung von Minna Tubes Schwester Annemarie. Siehe Minna Beckmann-Tube, S. 167. – Blatt 44 verso, 45 recto und verso durchgestrichene Porträtskizzen.

11 Closerie des Lilas: 171 boulevard de Montparnasse, nahe bei Beckmanns Wohnung.

12 Bezieht sich auf Beckmanns Handschrift.

13 Beckmann hatte offenbar schon mehrmals den »letzten« (dernier) bestellt; im Tagebuch folgt eine Adresse: »Naciver, 18 B^d De la Tour Maubourg«. Auf der folgenden Seite, Blatt 52 verso, kleine Skizze: zwei Köpfe im Profil nach links. Darunter eine Addition.

14 In stilisierten Buchstaben quer über die letzte Seite des Heftes.

Januar bis 9. März 1904

1 Beckmann und Caesar Kunwald (siehe Anmerkung 42 zu Heft I) standen sich schon in Weimar nahe. Briefe von Beckmann aus Kunwalds Nachlaß wurden kürzlich der Staatlichen Graphischen Sammlung in München beim Ankauf früher Arbeiten von Beckmann geschenkt und sollen demnächst veröffentlicht werden.

2 Auf der übernächsten Seite Skizze einer Frau im Profil, mit Bleistift daneben:»Ester Victoir Queine d'Angleterre«.

3 Das pointillistische Reiterbild, das Beckmann später zerschnitten hat. Das folgende»überall leuchtet mir mein starkes Blau entgegen«bezieht sich wohl darauf. – Siehe Minna Beckmann-Tube, S. 165.

4 Auf dieser Seite, Blatt 15 recto, eine männliche Porträtskizze.

5 Blatt 15 verso beginnt mit einer Interieurskizze, vermutlich Café Rouge.

6 Der Maler Emil Feigerl (1877–1924) war 1901–03 auf der Großherzoglichen Kunstschule in Weimar. Später vor allem als Bühnenbildner tätig; er gilt als Schöpfer der württembergischen Stilbühne.

7 Das Tagebuch Heft II.

8 Gemeint ist 1904.

9 Die Jean-Paul-Zitate mit Tinte und Feder, das»witzig nicht?« mit schwarzer Kreide, also nachträglich.

10 Moulin de la Galette. Im Baedeker»Paris« von 1900 als »besuchter Volksball, 77, rue Lépic« eingetragen.

11 Vom folgenden Blatt ist die obere Hälfte herausgerissen.

12 Entsprechende Fehlstelle auf der Rückseite.

13 Beckmann hat Edvard Munch (1863–1944) nicht angesprochen. Bei einer späteren Begegnung in Deutschland hat Munch Beckmann wiedererkannt und auf den vielen Rotwein in der Closerie des Lilas angeredet. – Siehe Minna Beckmann-Tube, S. 165.

14 Hier ironisiert Beckmann sich offenbar selbst.

15 Auf der gegenüberliegenden Seite (Blatt 32 recto) Skizze, offenbar in der Closerie des Lilas.

16 Es war die 20. Ausstellung der»Société des Artistes Indépendants« in den Grandes Serres am Cours-la-Reine. Das Grand Palais, für die Weltausstellung 1900 errichtet, wurde umgebaut und von 1901 an für die»Salons« der Künstlerverbände benutzt. Die Salons der»Société Nationale des Beaux Arts« und der rivalisierenden»Société des Artistes Français« fanden von da an gleichzeitig statt, nur durch eine Barriere getrennt. Zeitgenössische Kritiken stellen fest, daß die Ausstellungen sich immer mehr anglichen, zum Beispiel Maurice Hamel und Arsène Alexandre in ihren illustrierten Berichten in den Publikationen über die Salons, die bei Goupil & Cie in Paris erschienen. 1903 und 1904 werden darin beide Verbände be-

sprochen, nicht aber der Salon der »Société des Artistes Indépendants«, der auch in der »Gazette des Beaux Arts« für 1903 und 1904 nicht erwähnt, dafür aber in der in Brüssel erscheinenden Zeitschrift »Art Moderne« vom 6. März 1904 von André Fontainas zurückhaltend kritisch beschrieben wird. Fontainas erwähnt unter anderem Theo van Rysselberghe, Paul Signac, Édouard Vuillard, Pierre Bonnard (eher abträglich), er weist hin auf Maurice Denis, Paul Sérusier, Ker-Xavier Roussel, Paul Ranson, Félix Vallotton, Maurice de Guérin und Émile Schuffenecker. Fontainas kritisiert die viel zu hellen Räume. – Im Salon der beiden anderen Verbände waren 1904 unter anderem Gemälde von James A. M. Whistler, Louis Anquetin, Eugène Carrière und Denis ausgestellt, ebenso der »Denker« von Auguste Rodin. In den Salons von 1903 und 1904 wurden auch einige der großen damals in Mode kommenden Triptychen gezeigt, so von Jean Geoffroy, von Albert Dumoulin (La Normandie), von Léon Frédéric (St. François au bord de la mer) und von Vallotton, die Beckmann vermutlich gesehen hat. Klaus Lankheit, »Das Triptychon als Pathosformel«, Heidelberg 1959, weist zwar Beckmann S. 43 ff. und S. 77 ff. (wie auch Hans von Marées) seinen außergewöhnlichen Rang als Triptychen-Maler zu, nennt unter anderem auch Dumoulin, Frédéric und Charles Cottet, erwähnt aber nicht die Möglichkeit, daß Beckmann diese Triptychen gesehen haben könnte. Da Caesar Kunwald in Paris bei Cottet studierte, darf Beckmanns Kenntnis dieser neuen Triptychen wohl als sicher vorausgesetzt werden.

17 Es ist jener Brief mit der Unterschrift »ewig Dein Max«. Siehe Minna Beckmann-Tube, S. 167.

18 Das »würde oder nicht« hat Beckmann durchgestrichen.

19 Auf der folgenden Doppelseite (Blatt 34 verso und 35 recto) Zeichnung eines Reigens tanzender Jungfrauen, wie auf einer Bühne.

20 Nicht auf Dauer, wie das »Selbstbildnis« von 1905 (Göpel 36) zeigt.

21 Demnach der 25. oder 26. Februar 1904.

22 Wilhelm Bölsche (1861–1939), Verfasser popularwissenschaftlicher Werke, darunter das »Liebesleben in der Natur«.

23 Das Konzert war vermutlich in der Salle Érard, 13 rue du Mail. – Café Riche, 16 boulevard des Italiens.

24 Grethe Beckmann (1869–1940) verheiratete Lüdecke; ihr erster Mann war Apotheker. Bei ihnen in Falkenburg in Pommern hatte Beckmann 1892–94 gelebt und die Schule besucht.

25 »L'Oncle d'Amérique«, Comédie-vaudeville von Eugène Scribe und Édouard Mazères.

26 Zur Frage des Schauspielers als Künstlertyp siehe Nietzsche, unter anderem »Jenseits von Gut und Böse«. Siehe Anmerkungen 4 und 15 zu Heft I.

27 Vom folgenden Blatt 48 nur das obere Viertel vorhanden, dort Adresse »R. d. Mail 13. Salle Erard« (Kammermusiksaal); siehe Anmerkung 23 zu Heft III.

Heft IV

1. April bis 7. Mai 1904

1 Siehe Anmerkung 15 zu Heft I und Anmerkung 26 zu Heft III. Vgl. Nietzsche,»Kunst und Künstler«.

2 St. Gervais ist der Name des Bahnhofs in Auxerre.

3 Chastellux-sur-Cure.

4 Lormes.

5 Unten auf der Seite eine weitere Rechnung:

»3,60
88,90
―――
92,50«

6 Atome: Nietzsche,»Jenseits von Gut und Böse«, Abschnitte 12 und 17.

7 La Selle-en-Morvan.

8 St.-Émilion ist ein berühmter Weinort in der Nähe von Bordeaux (Rotwein!), den Beckmann auf dieser Reise nicht besucht haben kann. Es dürfte eine Verwechslung vorliegen mit dem zwischen Autun und Châlon-sur-Saône gelegenen St.-Émiland.

9 Reiseroute: Paris–Fontainebleau; Fontainebleau–Avallon–Chastellux-sur-Cure; Chastellux–Lormes; Lormes–Château-Chinon–La Selle-en-Morvan; Autun–St.-Émiland–Châlon-sur-Saône; Châlon–Bletterans–Genf (12. April 1904); Genf (via Frankfurt a. M.)–Berlin.

10 Châlon-sur-Saône.

11 Über dem Text Federzeichnung zu»Junge Männer am Meer« (Blatt 17 verso), daneben (18 recto) die Zweiergruppe noch einmal.

12 Text beginnt Blatt 21 recto oben. Gegenüber Bleistiftskizze zu»Junge Männer am Meer« (Blatt 20 verso), dazwischen ein herausgerissenes Blatt.

13 Veyrier, ein Dorf in Hochsavoyen, am Ostufer des Lac d'Annecy. – Im Buch folgen drei Seiten Skizzen zu»Junge Männer am Meer«.

14 Demnach ab Genf am 19. (?) April 1904.

15 Auf der folgenden Seite (Blatt 25 verso) Zeichnung für»Junge Männer am Meer« (Bleistift).

16 Erster Eintrag nach der Rückkehr in Berlin.

17 Hier springt der Text von Blatt 27 recto auf Blatt 28 recto; dazwischen (27 verso) steht die Eintragung vom 4. Mai über die englischen Radierer (Blatt 28 verso). – Auf Blatt 26 recto die beiden Eintragungen aus Frankfurt und Charlottenburg, also gegenüber der Zeichnung zu»Junge Männer am Meer« (Anmerkung 15 zu Heft IV). Möglicherweise fehlen auch vor der Numerierung der Blätter herausgenommene oder verlorengegangene Seiten. Das Heft von der Reise ist das am schlechtesten erhaltene der vier später gebundenen Hefte.

18 Frank Brangwyn (1867–1956), englischer Maler und Radierer.

19 Das Wort»treffen« hat Beckmann mehrfach durchgestrichen.

20 Es folgen zwei leere Seiten. Auf der letzten (Blatt 31 verso):»André Nacivet 18. B^d de la Tour-Maubourg«.

Heft V

30. Dezember 1912 bis 17. April 1913

1 Mit Tinte, geschrieben von Minna Beckmann-Tube (Auskunft Peter Beckmann).

2 1912, in Berlin.

3 Hier ist ein Stück Papier ausgebrochen.

4 Erste Einzelausstellungen von Beckmann im Kunstverein Magdeburg im April (32 Gemälde) und im Großherzoglichen Museum für Kunst und Gewerbe in Weimar (28 Gemälde von 1905 bis 1912) im August. Ausstellungsbeteiligungen unter anderem in Wien und Amsterdam. In der Berliner Secession wurden »Amazonenschlacht«, 1911 (Göpel 146), das »Bildnis Hanns Rabe«, 1911 (Göpel 148), und »Liebespaar«, 1912 (Göpel 153), gezeigt. Der Münchner Verleger Reinhard Piper besucht Beckmann in Berlin. Beckmann besucht den Sammler Henry B. Simms, einen Exportkaufmann und Sammler von Kunst des 19. und 20. Jahrhunderts, in Hamburg und erhält einen Auftrag für das spätere Familienbild, zunächst für das Porträt von Karl Simms (in Davos).

5 Es könnte auch »reisen« heißen. Daß Beckmann gelegentlich geritten ist, beweist unter anderem ein Photo aus Hamburg (1913), abgebildet im Katalog der Ausstellung »Max Beckmann – Retrospektive« (München/Berlin/Saint Louis/Los Angeles), München 1984 (Dokumentation zu Leben und Werk, Abb. 14).

6 Der Maler Wilhelm Giese (1883–1945), ein Studienfreund aus der Weimarer Zeit, Pate von Beckmanns Sohn Peter. Giese und Beckmann malten 1910 gemeinsam in bzw. bei Bad Nenndorf in der Nähe von Hannover. Beckmann hat Giese damals porträtiert (Göpel 134); das Porträt ist wahrscheinlich 1945 im zweiten Weltkrieg bei einem Luftangriff auf Magdeburg zerstört worden.

7 Vorahnung (oder schon Plan) für das Gemälde »Stürzender Rennfahrer – Todessturz«, 1913 (Göpel 170).

8 Siehe Anmerkung 4 zu Heft V.

9 Hans Kaiser (geboren 1874), Verfasser der ersten Monographie über Beckmann.

10 Julius Aufsesser, Sammler von Gemälden Beckmanns.

11 Hilde und Richard Lüdecke, die Kinder von Beckmanns Schwester Grethe aus deren erster Ehe. Von Hildegard Lüdecke (1894–1959) malte Beckmann 1907 ein Porträt (Göpel 71).

12 Beckmann zieht hier aus der Geschichte von Maria und Martha (Lukas-
evangelium 10,38–42) für sich eine Quintessenz.

13 Seiner Frau Minna.

14 Beckmanns älterer Bruder Richard lebte damals in Berlin.

15 Den Kunsthändler Paul Cassirer (1871–1926); sein »Kunstsalon« war in
Berlin W. 10, Viktoriastraße 35. – Cassirer war zeitweise Sekretär der
Berliner Secession. Zur Berliner Secession siehe Max Beckmann, »Leben in
Berlin. Tagebuch 1908–1909«, kommentiert und herausgegeben von Hans
Kinkel, München/Zürich ²1984, S. 48–51.

16 Cassirer.

17 Reise zur Familie Simms, um das »Familienbild Simms« (Göpel 164) zu
malen. Dargestellt sind Henry B. Simms (1861–1922), seine Frau Gertrud
(1873–1936) und deren Kinder: Karl Frederic (1896–1915), Gertrud (geboren
1898, verheiratete von Stangen), Henry (1901–1956) und Herbert (1903–
1963). Das Gemälde ist seit 1936 verschollen. Die Familie Simms wohnte in
Hamburg 13, Heilwigstraße 29.

18 St. = Steinbarth.

19 H. = Hagen.

20 H. R. = Hanns Rabe.

21 Die Bilderliste bezieht sich weitgehend auf die erste große Ausstellung
in Berlin bei Cassirer (1913) und auf die 26. Ausstellung der Secession in
Berlin im Sommer 1913.
Beckmann hat folgende Bilder gestrichen: 9. Messina, 1909 (Göpel 106); 13.
Porträt Hanns Rabe, 1909 (Göpel 148); 22. Fest, 1909 (Göpel 105); 30. Blick
auf Lankwitz und Marienfelde – Frühling bei Südende, 1907 (Göpel 70); 40.
Liebespaar, 1912 (Göpel 153); 44. Helle Nenndorfer Landschaft, 1910 (Göpel
132); 46. Betrunkene, 1911 (Göpel 144) (Beckmann hat das Bild später
vernichtet); 50. Stilleben mit Hyazinthen, 1906 (Göpel 51); 51. Einsamer
Strand, Wangerooge, 1909 (Göpel 114).
Die verbleibenden Gemälde sind: 1. Auferstehung, 1909 (Göpel 104); 2.
Ausgießung des Heiligen Geistes, 1909 (Göpel 124); 3. Amazonenschlacht,
1911 (Göpel 146); 4. Stürzender Rennfahrer – Todessturz, 1913 (Göpel 170)
(?); 5. Blumenstilleben, 1912 (Göpel 158); 6. Selbstporträt, 1912 (Göpel
154); 7. Selbstporträt, 1913 (Göpel 163); 8. Hühnerdiebe (Kaninchendiebe
im Hermsdorfer Wald), 1912 (Göpel 161); 10. Unterhaltung, 1908 (Göpel
88); 11. Gesellschaft, 1911 (Göpel 140); 12. Porträt Gräfin Hagen, 1908
(Göpel 94); 14. Porträt der Mutter, 1906 (Göpel 56); 15. Porträt der
Schwester Grethe, 1905 (Göpel 44); 16. Porträt Mink mit violetter Stola,
1909/10 (Göpel 125); 17. 3 Porträts von Simms: Karl Simms, 1912 (Göpel
160); 18. Familienbild Simms, 1913 (Göpel 164) (»3 Portrait v. Simms«
schließt möglicherweise das »Porträt Mink mit violetter Stola« ein); 20.
Judith und Holofernes, 1912 (Göpel 152) (Beckmann hat »19« in »20«
verbessert); 21. Wasserturm, 1909 (Göpel 108); 22. Die Gefangenen, 1910
(Göpel 127); 23. Atelierakte (Drei Frauen im Atelier), 1908 (Göpel 101); 24.
Kleopatra, 1910 (Göpel 136); 25. Kreuzigung Christi, 1909 (Göpel 119); 26.

Landschaft bei Hannover, 1910 (Göpel 132) (?); 27. Landschaft Wangerooge; 28. Der Hirt, 1909 (Göpel 113); 29. Landschaft v. Aufsesser, 1909 (Göpel 115) (?); 31. Kreuztragung, 1911 (Göpel 139); 32. Doppelporträt an Halle, 1909 (Göpel 109); 33. Mars und Venus, 1908 (Göpel 91); 34. Aufklarendes Wetter, 1909 (Göpel 112); 35. Durchbrechende Sonne, 1909 (Göpel 111); 36. Selbstporträt Simms, 1910 (Göpel 135); 37. Christus in der Wüste (Christus verkündet seinen letzten Aufbruch nach Jerusalem), 1910 (Göpel 129); 38. Landschaft in Hermsdorf (Waldweg bei Hermsdorf), 1912 (Göpel 156); 39. Der Kaiserdamm, 1911 (Göpel 142); 41. Beweinung, 1908 (Göpel 89); 42. Der Tanz, 1908 (Göpel 92); 43. Kleiner Tanz (Tanzlokal), 1909 (Göpel 117); 45. Bildnis Herr Pagel, 1907 (Göpel 97) (es gehörte damals dem Maler Waldemar Roesler); 46. Alte Ziegelei, 1911 (Göpel 143); 47. Blick auf den Nollendorfplatz, 1911 (Göpel 150); 48. Studie zu Liebespaar, 1911 (Göpel 149); 52. Stilleben mit Aussicht aus dem Atelier im Schnee – Stilleben mit der Waschschüssel, 1909 (Göpel 107).

22 Hans Kaiser,»Max Beckmann«, Berlin 1913; die erste Monographie über Beckmann.

23 Vermutlich der Maler Kurt Tuch (1877–1945), siehe auch »Leben in Berlin«, a.a.O. – Beckmann besaß von Tuch ein Gemälde »Am Stadtrand«, 1904, heute noch im Besitz der Familie (»Leben in Berlin«, Abb. 29); Tuch seinerseits besaß von Beckmann »In den Wanderdünen«, 1907 (Göpel 81).

24 Wohl die Brodersenstraße.

25 Die Nichte Hildegard Lüdecke.

26 1. Bau des Hermsdorfer Wasserturms, 1909 (Göpel 108); 2. Bildnis Minna Beckmann-Tube dekolletiert, 1909 (Göpel 120); 3. Bildnis Minna Beckmann-Tube mit violettem Schal, 1909/10 (Göpel 125); 4. Dunkle Nenndorfer Landschaft, 1910 (Göpel 133); 5. Selbstbildnis mit Hut, 1910 (Göpel 135); 6. Judith und Holofernes, 1912 (Göpel 152); 7. Bildnisstudie Karl Simms, 1912 (Göpel 160).

27 Kreuztragung, 1911 (Göpel 139). Das Gemälde ist nach wie vor im Besitz der Familie.

28 Am Familienbild Simms.

29 »Gabriel Schillings Flucht«, Drama in fünf Akten von Gerhart Hauptmann (geschrieben 1906, uraufgeführt in Lauchstädt am 14. Juni 1912), am 16. Januar im Spielplan des Deutschen Schauspielhauses, Hamburg.

30 1912 erschienen die neun Lithographien »Das Bad der Sträflinge« (Gallwitz 28, 1–9) zu Fjodor Michailowitsch Dostojewskis »Aus einem Totenhaus« bei Bruno Cassirer, Berlin, und (1912?) eine Lithographie »Gehender Mann, sich umdrehend« (Gallwitz 29) zu Dostojewskis »Memoiren aus einem Kellerloch«. (Siehe auch Reinhard Piper, »Erinnerungen eines Verlegers. Vormittag – Nachmittag«, München 1964, S. 316f. und S. 322f.)

31 Der Dichter Gerhart Hauptmann (1862–1946), mit dem Beckmann in Berlin gelegentlich zusammentraf.

32 »Mittelweg 151^{II}« (Tagebuch S. 26 oben) und ab »Blankenese« (S. 27) Bleistift, offensichtlich in Hamburg notiert. Die übrigen Notizen auf Seite 26

mit Tinte. »Frau Sauber« darum nicht unbedingt für Hamburg anzunehmen.

33 Tieffenbach ist der Verleger E. W. Tieffenbach, Berlin-Steglitz; Rößler ist der Maler Waldemar Rösler (1882–1916). – Am Nachmittag war offenbar eine Verabredung mit dem Kunsthistoriker Karl Scheffler (1869–1951), Herausgeber der Zeitschrift »Kunst und Künstler« (1906–33).

34 Das Wichtigste ist die Notiz für Mittwoch: »Schule«. Vermutlich handelt es sich um die Schule Steglitzer Straße 27 aus dem Inserat im Katalog der 24. Ausstellung der Berliner Secession 1912 und im Katalog der 26. Ausstellung der Berliner Secession 1913, in dem es heißt: »Korrektur: Max Beckmann«. Anfragen um Aufnahme waren zu richten an das Atelier Clara E. Fischer, Potsdamer Straße 121a. Dort unterrichtete laut Inserat, mit anderen Mitgliedern der Secession, auch der Maler Wilhelm Giese.

35 Lühe ist ein Ausflugsgebiet im Alten Land bei Hamburg, der Bauersche Park befindet sich in (Hamburg-)Blankenese.

36 Die erste große Ausstellung von Beckmann in Berlin bei Cassirer, Januar/Februar 1913, Katalog mit 47 Gemälden.

37 Simms.

38 Über diesem Absatz eine Porträtskizze (Tagebuch S. 29).

39 Hier fehlt die folgende Seite, die mit Bleistift beschrieben war.

40 Dieser Passus, mit Tinte geschrieben, zeigt das Ende des Hamburger Aufenthalts an. Beckmann hat ihn – es kann nur ein Versehen sein – mit »D. 10. 3. 12. Hamburg« überschrieben. Es war, wie aus dem Inhalt hervorgeht, 1913.

41 Peter, Beckmanns Sohn, geboren 31. August 1908 in Berlin.

42 Der älteste Sohn, Karl Frederic Simms, lebte in Davos und ist auch dort gestorben. Beckmann hat ihn für das Familienbild 1912 in Davos porträtiert (Göpel 160); das Porträt ist verschollen.

43 Vermutlich ein Photo vom Familienbild Simms für den Katalog der Secessions-Ausstellung. – Auf der folgenden Seite Zeichnung mit einem breiten Kahn vorn und dahinter einem Ozeandampfer mit zwei Schornsteinen, Bleistift. – Auf den Seiten 36 und 37 Adressen, auf S. 39 eine Zeichnung: Menschen in Halbfigur hinter einer Brüstung (Theater, Boot?).

44 Dieser Addition entspricht eine Bilderliste auf S. 69, wo Beckmann das Heft von der anderen Seite her benutzt hat:

»Piper 1500	1500
Simms 500 d. Mink	500
„ Selbstportrait und Judith 3000	3000
Steinbart Selbstportrait und Rennbahn 3000	3000
Simms Portrait von Mink	1200
„ Landschaft b. Hannover	1000
„ Portrait v. K[arl] Simms	700
„ von Weber	750«

Bei der Addition hat Beckmann die Summe von 12 650 verbessert in 11 650, aber oben S. 70 wieder »12 650 M.« danebengeschrieben; dort stehen auch noch Zwischenrechnungen. Ähnliche Einträge finden sich auch in Beckmanns Bilderverzeichnissen der späten Jahre.

45 Wohl jener Kurt, der in den Adressen als in Jena wohnend erscheint.

46 Der Vergleich des Atelierphotos von 1912 (Göpel Bd. II, S. 564) mit dem fertigen Bild ergibt wesentliche Veränderungen für die obere Partie des »Untergangs der Titanic« – vor allem im Sinne einer größeren Dramatisierung. Starke Änderungen im und am Boot oben links, am sinkenden Boot in der Mitte und am Boot vor dem Eisberg rechts oben. Auch die Beleuchtung der sinkenden »Titanic« war vorher offenbar nicht vorhanden, der Eisberg nicht so dicht zwischen Schiff und Rettungsboot geschoben. Interessant im Zusammenhang mit Beckmanns Beobachtungen von Licht und Wolken in Hamburg am 16. Januar 1913 (S. 115) auch die Färbung des Himmels im Gemälde und der Kontrast der Wolken gegen das Wasser. – Auf Veränderungen im oberen Teil des Bildes als »möglicherweise« hatte schon Göpel hingewiesen (Bd. I, S. 116).

47 Beckmann hat das Datum zweimal geändert. Erst auf »11 1 13«, dann hat er die oben darüber geschriebene »11« stehen lassen und die Zahl darunter energisch in eine »17« verwandelt. Später erinnert Beckmann sich an den »17 April« (S. 121), er hatte sich also auch in der Zahl für den Monat geirrt.

48 Der »Untergang der Titanic« war, zusammen mit »Familienbild Simms« und »Wald bei Hermsdorf« (wohl »Waldweg bei Hermsdorf«, 1912, Göpel 156), in der 26. Ausstellung der Secession in Berlin, Kurfürstendamm 208/209, im Mittelsaal (IX) ausgestellt.

49 Es handelt sich um die Lithographien Gallwitz 23 und 25 (»Boote auf dem Tegeler See«), beide aus dem Jahr 1912 (bei H. Birkholz, dem Drucker der Lithographien).

50 Die Lithographien Gallwitz 13, 14, 16, 15 und 12, alle aus dem Jahr 1911 (verlegt bei E. W. Tieffenbach).

51 Hier hatte Beckmann erst »wie 15 od. 16 April« geschrieben, dann das Datum in »17 April« korrigiert. Vgl. Anmerkung 40 zu Heft V.

52 Auf der gegenüberliegenden Seite (53) Selbstbildnis mit Hut; für die folgenden Skizzen siehe die Liste der Zeichnungen und Skizzen (S. 131–135, hier S. 134).

53 Das »mit einem Schuß Gotik« von Beckmann offensichtlich später hinzugefügt. Von Pablo Picasso (1881–1973) waren 1912 in der Secession in Berlin die ersten kubistischen Bilder zu sehen. 1913 in der Herbstausstellung (vor der Spaltung der Secession) wurden von Picasso 13 Gemälde gezeigt, darunter frühe Werke aus der »blauen Periode« (»Der Blinde«, »Mutter und Kind«, »Büglerin«) und kubistische Bilder (darunter »Mandolinenspieler« und »Frauenkopf«).

Heft V enthält ungewöhnlich viele Adressen, die hier, soweit nicht im Text belassen, der Reihenfolge nach aufgeführt werden:

S. 36: »von Serg b/ Schilling Lychswerst 11«. – S. 37: »Hugo Mayberg Schuhe 12 65«. – S. 47: »Dresdner Bank Dr. Freund Berlin S.W Friedrichstr 204. Käthe Stirnatis Schöneberg Mühlenstr 18«. – S. 50: »Kurt Landeck Lehrer Deinhardt Jena Sophienstr. [19^{II}] Königstadt 3094 Justizrath Galland«. – S. 51: »[Mario?] Spiro Gasteinerstr. 12« (hier folgt eine Rechnung: »Schulgeld u. Pension 1050,00, für Rechnungen 133,33 = 1183,33, für Hilde 100,00 = 1283,33, Porto 1,40«). – S. 56: »M. Kosinski Brunnenstr. 156«. – S. 57: »[Felix] Mese[c]k, Steglitz Humboldstr. 21 Auguste Domke, Wilhelmshöherstr. 25, Fridenau«. – S. 60: »Wedding bei Teyler«. – S. 61: »Alexandriner Pl. [?] 59 Pruenser Hof 3.« – S. 64: »Rittmeister Müller Düsseldorferstr. 75« (mit kleinen Skizzen). – S. 65: »Pastor Bohn, NW 87 Beusselstr. 44^h, Tel. Moabit 2812/Uhland 1162. Pastor Buschmann, Magdalenenstift Teltow[,] Mariannenhaus, Dahlem«. – S. 66: »Fridenau Albrechtstr. Albestr. 8 Mädchen Asyl«. – S. 67: »Pastor Wernike Wartenburg a./Elbe«. – S. 70: »Frau Warhentin Hardenberg Wpr. Domäne Milewken«. – S. 71: »Kurden Rock, rote Bluse rote Jacke, blaugrau mit Rosen und rotem Band«. – S. 72: »Herr von Fournier Amt Jagorahöhe bei Neuenburg[,] Herr Blank bei Apotheker Tietz in Neuenburg[,] Herr Selle [oder Jelle?] Neuruppin[,] Herr Dr. Wiedebach Nostritz, Potsdamm, Carlstr 8«. – S. 84: »Dr. [Max] Sauerland[t,] [Julius] Aufsesser (teleph.)[,] [Dr. Hanns] Rabe, Simms«. [Die Maler Eugen Spiro (1874–1972) und Felix Meseck (1883– 1955) waren Mitglieder der Berliner Secession. – Eugen Spiro lebte 1906–14 in Paris. – Max Sauerlandt (1880–1934) war 1908–14 Museumsdirektor in Halle und hat das »Doppelbildnis Max Beckmann und Minna Beckmann-Tube«, 1909 (Göpel 109), und das Gruppenbild »Gesellschaft II«, 1911 (Göpel 140), für die Staatliche Galerie Moritzburg erworben.

Heft VI

Das Heft VI (ein Pergaminblock) enthält keine Texte, nur eine Zugverbindung auf Blatt 10 recto:
»11^{16} an Köln
2^{15} ab Berlin
6^{04} morgens«
und auf der letzten Seite:
»50 × 40
Papierformat
30 × 40
ev.
35 × 45«.

Minna Beckmann-Tube
Erinnerungen an Max Beckmann

Es war kurz vor dem 18. Geburtstag[1] von Max Beckmann, als wir uns kennenlernten, und zwar auf einem Faschingsfest in Weimar, zu dem ich durch unseren beiderseitigen Lehrer Frithjof Smith zu gehen gezwungen war. Beckmanns Kindheit lag noch so nah, daß er mir bei näherer Bekanntschaft einiges davon erzählte. Unsere Jugend war sehr verschieden verlaufen: Während ich in dem sehr idealistischen und kunstfreundlichen Pastorenhaus aufgewachsen war, hatte er in dem ganz kunstfernen und sehr materialistischen Milieu seiner Braunschweiger Eltern[1a] mit sich selbst und seiner Familie schwer zu kämpfen gehabt. Sein kluger Vater war früh gestorben, nachdem er es in den Gründerjahren zu einem ansehnlichen Vermögen gebracht hatte. Der Vater stammte aus einer bäuerlichen Gastwirtsfamilie im Braunschweigischen. Er war Müller, heiratete die Tochter eines wohlhabenden Großbauern in Königslutter, kaufte sich eine Mühle, die er dann später verkaufte. Er fand am Verkaufen von Mühlen Freude, so daß er sich darauf spezialisierte, nach Leipzig zog und nebenbei chemische Versuche machte. Seine Frau hatte ein bezauberndes Erzähltalent, und obwohl ich sie erst kennenlernte, als sie schon schwerkrank war, entsinne ich mich doch gut aller ihrer amüsanten Geschichten, die sich mit Humor und ein bißchen Bosheit auf Erlebnisse in ihrer Familie bezogen ... Die lebhafte Phantasie hat ihr Sohn wohl von ihr geerbt, wobei allerdings Max Beckmann ein Wahrheitsfanatiker war. Er sagte mir einmal, zum Lügen sei er zu hochmütig. Das habe ich auch immer bestätigt gefunden.

Der einzige Mensch, von dem Beckmanns Mutter immer nur mit Hochachtung sprach, war ihr Vater[2], der zum Beispiel einen Knecht nie in Gegenwart anderer Leute oder anderer Knechte schalt, sondern den Betreffenden in eine einsame Scheune bestellte, um ihm seine Meinung zu sagen. Ich glaube, daß Max Beckmann gerade von diesem Großvater seine erstaunliche, in allen Lebenslagen mir bewiesene Noblesse geerbt hat.

Max Beckmann war der jüngste Sohn und ein spätgeborenes Kind. Er hatte als Vormund den sehr bürgerlichen Bruder seines Vaters, der mit der Schwester seiner Mutter verheiratet war[3]. Von den beiden Brüdern hatte der genialere die hübschere Schwester und der solidere die tüchtigere geheiratet.

Der Vormund hatte es durch bürgerliche Tugend zu Erfolg und Ansehen im Bauhandwerk gebracht. Seine Kinder kamen gut vorwärts, desto mehr Sorgen hatte er mit seinem Mündel, das er in keiner Weise verstand. Bei seiner Mutter fand Max Beckmann Tränen und Vorwürfe, bei seinem Vormund tiefste Empörung, da die Schule ihm nicht lag. Er zeichnete lieber, steigerte aber seine Anstrengungen seiner Mutter zuliebe bis zu einem Einbruch ins Klassenzimmer bei Nacht, wo er bei einer abgeschirmten Lampe seine Aufgabe nach der des besten Mitschülers korrigierte, was ihm nur ein namenlos schlechtes Gewissen für Jahre eintrug und ihn noch, als wir schon verheiratet waren, als unfaire Handlung quälte. Auch ein Pastor auf dem Land[4], der ihm weiterhelfen sollte, konnte in die verschlossene Kinderseele nicht eindringen, so daß seine Schullaufbahn in der Tertia beendet wurde.

Er setzte es durch, Maler werden zu dürfen. Man hielt ihn für einen hoffnungslosen Fall. Die Dresdner Akademie wies ihn ab, und es war einer seiner Triumphe, daß diese selbe Akademie ihm nicht sehr viel später eine Professur antrug[5]. Die Weimarer Kunstschule nahm ihn auf ... Er machte rasende Fortschritte; wo er ging und stand, zeichnete er. Frithjof Smith war ein sehr guter Lehrer und sein einziger im Leben. Allerdings war er dann, als ich dazukam, nicht mehr so sehr fleißig... Da ich als beste Schülerin von Professor Olde[6] galt, waren wir sehr enttäuscht, als wir zum Schluß nicht die je 50 Mark als ersten Preis für den besten Schüler bekamen; er fiel leider aus, niemand bekam ihn, weil wir ein bißchen viel geschwänzt hatten...

Kurz nach seinem 18. Geburtstag versuchte [Beckmann] sein Künstler-Einjähriges zu machen... Er bekam die Nachricht, durchgefallen zu sein, an dem Tage, an dem der Dichter Wilhelm von Scholz[7] ihm das Du anbot aus Empfindung für seine Gleichberechtigung. Später hat Max Beckmann dann bei einem Professor in Braunschweig die Einjährigenprüfung bestanden, und dieser Professor äußerte sich sehr verblüfft über den hohen Grad von Literaturkenntnis und Allgemeinbildung bei einem sehr bescheidenen Vorhandensein von Primitivkenntnissen.

Max Beckmann wirkte auf mich wie ein Siebenundzwanzigjähriger, und ich war sehr empört, als Frithjof Smith, der etwas eifersüchtig von unserer freundschaftlichen Beziehung Wind bekommen hatte, mir sagte, der Junge wäre erst 18 Jahre. Ich hatte Max Beckmann kurz vorher gefragt, wie alt er sei, und hatte die Befangenheit, mit der er mir erklärte, 21 zu sein, mit meinem Erstaunen über diese unglaubliche Jugendlichkeit gemischt. Er hat mir dann später kurz vor unserer Ehe gestanden, daß er sich um drei Jahre älter gemacht habe, da er gerade mit seinen Freunden Battenberg[8] und Giese einen wohl etwas knabenhaften Schwur getan hatte, sich alle um drei Jahre älter zu machen, da ihnen ihre Jugend lästig war. – Bei seiner späten Beichte war er vollkommen gefaßt darauf, daß ich unsere Verlobung rückgängig machen würde, da ich zweieinhalb Jahre älter war als er. Ich nehme an, daß die ausgesprochene Hochachtung, die er mir immer bewiesen hat, auf diese unglücklichen zweieinhalb Jahre Unterschied zurückzuführen ist.

*

Schon mit elf Jahren war ich fest entschlossen, Malerin zu werden ... ich mußte aber erst noch in die oberste Klasse unserer braven alten Schule gehen ... Ich korrespondierte mit Margrit von Thüna[9] und hörte voll Neid, daß sie bereits bei Frithjof Smith malte ... Bei einem Besuch bei Margrit von Thüna in Weimar schlug mir deren Mutter vor, zu ihnen in Pension zu kommen und dort mit ins Atelier von Professor Smith zu gehen. Das wäre aber noch nicht gelungen, wenn mein geliebter Onkel Theo[10] ... nicht eingegriffen und erklärt hätte:»Laßt sie's doch mal versuchen.«– Ich hatte ein größeres Porträt von meiner Schwester Annemarie gemalt, vollkommen dilettantisch, sehr mäßig in den Farben, aber verblüffend ähnlich[11]. Die Ölfarben hatte ich mir von einer Tante statt des üblichen goldenen Kreuzchens oder Herzens zur Konfirmation gewünscht ... Mein guter Martin[12] hatte mir von Nachhilfestunden, die er reichlich gab, da er durch alle Klassen des Gymnasiums als Primus ging, immer wieder Farben geschenkt. Alles zusammen erwirkte mir die Erlaubnis, und ich fuhr freudestrahlend nach Weimar.

Es ist mir zweimal im Leben passiert, daß ich die ganze Nacht nicht schlafen konnte vor Freude und vor innerem Jubel immer vor mich hin dichten mußte. Das erstemal in der ersten Nacht in Weimar, das zweitemal wieder in Weimar, drei Jahre später, nach dem ersten Kuß ... Der Thünasche Haushalt war etwas kompliziert. Sie wohnten zwar sehr schön auf der Altenburg in der Lisztschen Wohnung[13], aber es herrschten nicht im entferntesten der Frieden und die Harmonie, mit denen ich zu Hause verwöhnt worden war ... Ich mußte die ersten acht Tage wegen meines dummen Koffers – er war irgendwo auf der Bahn verschwunden – und wegen eines riesigen Schnupfens zu Hause bleiben ... Endlich konnte ich ins Atelier. Außer mir waren dort noch verschiedene Damen, die zur Hofgesellschaft gehörten und alle eifersüchtig auf mich waren, weil Frithjof Smith nur zur Korrektur kam, wenn ich ihn rief. Er hatte wohl das Gefühl, daß ich als einzige die Sache ernst nahm ...

Frithjof Smith war ein großer, etwas dicker blonder Norweger, der seine Möglichkeit, nach München zu gehen und Maler zu werden, dem Bankrott seiner Firma zu danken hatte; er hatte das Inventar aufgenommen und damit Geld genug verdient. In München hatte er bald großen Erfolg, hatte sich verheiratet mit der Tochter einer Malerin, die ihn sehr protegierte, und hatte sich dann etwas zu früh mit seinem Erfolg begnügt. Er war Professor an der Akademie in Weimar, liebte den Alkohol. In Leipzig im Museum hatte er ein sehr anständig gemaltes Bild eines Kircheninneren mit Bäuerinnen in etwas Leiblscher Art, aber war nun etwas festgefahren. Zu der Zeit malte er gerade ein großes Porträt von Ibsen nach Photographien im Auftrag seiner Heimat, aber nicht zu seinem künstlerischen Nutzen. Er freute sich sichtlich an meinem Eifer und stellte mich gerne den Kolleginnen als Beispiel von Fleiß hin . . . Begreiflicherweise ärgerte das meine Kolleginnen, die alle wesentlich älter waren als ich und, da ich die einzige Bürgerliche war, ein bißchen gönnerhaft auf mich herabsehen wollten . . .

Mein Onkel Theo war zu Frithjof Smith gefahren, um sich über mein Talent zu orientieren. Er wußte nichts von der Vorliebe von Frithjof Smith für mich und war hocherfreut, zu hören, daß ich die begabteste Schülerin wäre, die der gute Frithjof je gehabt hätte. Damit war meine Zukunft gesichert, denn der gute Onkel Theo protegierte mich nicht bloß, er finanzierte auch das Unternehmen.

Merklich schwierig wurde die Situation, als eine Nichte von Halbe[14] ins Atelier kam, die keinen Erfolg bei Frithjof hatte, dafür aber sehr mondän war und sehr belesen und ein wahres Feuer der Begeisterung für Nietzsche entfachte, der, halb verstanden, allen die Köpfe verdrehte, wie mir vorkam. Es wurde schwierig, weil Frau Professor Eucken, die Frau des bekannten Philosophen Eucken[15] und Freundin des noch berühmteren Haeckel[16], mit lauter Atheismus aufkreuzte und Margrit von Thüna, die ich aus meiner Pensionszeit in Lausanne her kannte und sehr liebte, gegen mich einnahm. Ich hielt nichts von ihrem Atheismus und verteidigte mit Leidenschaft Gottes Existenz.

Es kam zum Bruch, als ich im Sommer bei meinem Onkel in Görbersdorf war und sie mir schrieb, daß ich nicht wiederzukommen brauchte. Meine sehr verständnisvolle Mutter tröstete mich, indem sie mir erlaubte, nach München zu gehen, zum Entsetzen der ganzen Familie, denn das tat man einfach nicht als Dame... Am 1. Januar eines eiskalten Winters landete ich in München im Künstlerinnenverein und mit dem Versprechen, schön brav in einer Pension zu wohnen... Der neue Meister, Herr Knirr[17], ersetzte mir zwar den viel ernsthafteren Smith nicht, aber wir hatten Modelle, und ich durfte malen, das genügte. Außerdem lernte ich die Alte Pinakothek auswendig...

Im Künstlerinnenverein erzählten wir uns, was wir alles durchgemacht hatten, um das große Ziel zu erreichen, nach München zu dürfen. Die eine erzählte, ihr Vater hätte sie mit der Reitpeitsche bearbeitet, und die andere, daß ihre geliebte Großmutter einen Schlaganfall bekommen hätte und gestorben wäre. Außerdem weiß ich von dem Abend noch, daß in einer Ecke drei furchtbar dicke alte Damen saßen, die große Zigarren rauchten und keinen angenehmen Eindruck machten.

Nach zwei Semestern, die ich erst bei Knirr und dann bei dem sehr guten Landenberger[18] absolvierte, hatte ich von München genug. Den Rest gab mir der Fasching, nach dem eine besonders nette Kollegin sich umgebracht hatte, weil sie wegen ihrer Pockennarben sich nicht demaskieren wollte... Stuck, Lenbach und Kaulbach[19] spielten noch eine große Rolle. Von moderner Kunst war nichts zu sehen, und in Weimar wurde die Kunstschule nun auch für Frauen eröffnet. So erfüllte sich mein Schicksal, denn in Weimar lernte ich Max Beckmann kennen.

*

Ich hatte drei liebe Freundinnen, die mir fürs Leben geblieben sind. Zwei sind allerdings jetzt tot, aber die eine, die noch lebt, Eve Meid, schwärmte mir immer von einem jungen Mann vor, den ich verwechselte mit einem anderen blonden Jüngling... Einmal, in einem Bildervortrag, sagte der Professor: »Dieses Bild muß jemand halten«, und da erschien eine kräftige, sehr weiße Hand, die mir mehr Eindruck machte als das Bild, das er zeigte, und Eve sagte mir: »Das ist er.«

Zurück zu unserem Faschingsfest. Das war also Liebe auf den ersten Blick. Ich hatte ein ungarisches Kostüm an, und da mir Ungarn wohl etwas identisch mit Zigeunern war, fühlte ich mich verpflichtet zum Wahrsagen. Zu meinem Erstaunen stand sowohl in seiner [Beckmanns] wie in meiner Hand in gleichen Linien, daß wir uns nie verheiraten würden. Worauf ich etwas rasch hinzusetzte, daß wir uns daher zusammen trösten könnten. Darauf schwieg ich errötend und erblassend und war mit meiner Weisheit zu Ende. Er verlangte gebieterisch, ich sollte am nächsten Tag zum Katerbummel kommen. Ich sagte, ich hätte keine Zeit, denn ich hatte versprochen, für eine Zeitung, die wir im Atelier herausgaben, das Titelbild zu machen. Er meinte, es würde wohl noch einen Tag Zeit haben, und so gingen wir denn alle nach Belvedere. Am Tag gefiel er mir beinahe noch besser. Er hatte hervorragend schlechte Manieren und war der erste Mensch, den ich kennenlernte, der sich vollkommen ungeniert und frei und unkonventionell gab, ganz anders als die jungen Offiziere, die mich so gelangweilt hatten.

Der Heimweg ist mir unvergeßlich durch die schöne alte Allee, denn am nächsten Morgen fand ich auf meiner Staffelei eine Zeichnung dieses Abendspaziergangs – zwei kleine Menschen unter den großen Bäumen, unten die Stadt mit den vielen Lichtern, Unterschrift: Max Beckmann[21]. Von dem Moment an wußte ich, daß ich es mit einem großen Talent zu tun hatte. Und nie mehr in meinem Leben habe ich an dem eigenartig-großen Ausdrucksvermögen gezweifelt.

Es war ein milder Winter im Jahr 1902. Ich hatte mich mit zwei jungen Malerinnen von der Kunstschule sehr befreundet, Eve Sprick und Mili Plump, und wir machten zu viert große Spaziergänge, aber sehr oft und immer häufiger auch ohne die Freundinnen. Wir hatten sehr viele gemeinsame Interessen; abgesehen von unserer Passion für die Malerei war es auch die Musik, die uns befreundete. Eines Abends mußte er seine Freude über ein Beethoven-Konzert dadurch austoben, daß er auf eine Teppichstange kletterte, die vor meinem Fenster war, dann aber befriedigt nach Hause ging, als er konstatierte, daß ich schön artig an meinem Schreibtisch saß. In der Literatur waren es Gottfried Keller und Jean Paul sowie jede Art von Märchen, an denen wir uns gemeinsam freuten.

Bereits am 5. Februar[22] vor dem 18. Geburtstag [12. Februar] waren wir uns über unsere Gefühle füreinander im klaren, woraus er die für mich überraschende Folgerung zog, mir etwas gewaltsam den ersten Kuß zu geben. An die Zukunft dachte keiner. Ich höchstens insofern, als mir unsere beiderseitige pekuniäre Abhängigkeit die Sicherheit gab, keine irgendwie gearteten Konsequenzen ziehen zu können, die meinen Lebensweg irgendwie geändert hätten.

Für ihn lag der Fall wohl etwas schwieriger. Er lud mich einmal in sein Zimmer ein, um mir seine vielen Zeichnungen zu zeigen. Er setzte mir Portwein vor, und ich kam mir, obwohl sich nichts ereignete, deplaciert und deklassiert vor, lief schnell wieder nach Hause und ging nie wieder hin. Was mich aber nicht hinderte, viele romantische warme Februarnächte auf einer Bank im Park mit ihm zu verspielen. Immerzu schlug die Uhr, und immer war es warm. Ich glaube, daß es nie mehr ein Jahr gegeben hat mit einem so menschenfreundlichen Februar.

Wir hatten unsere schöne Zeit in Weimar mit einem entzückenden Fest, das zu Ehren der jungen Herzogin im Park von Weimar arrangiert wurde, abgeschlossen. Bei dem Fest, das im Kostüm des 12. Jahrhunderts mit Reigen und Tänzen und

Spielen und Jahrmarktsgetriebe zelebriert wurde, amüsierte mich am meisten, daß Max Beckmann von hinten auf einen Riesengaul sprang. Er hatte keine Ahnung von Reiten, aber der Gaul war durch nichts imstande, ihn wieder abzuwerfen . . .

Wir hatten beide das Gefühl, in Weimar nichts mehr lernen zu können, und wollten nach Paris. Wir sahen darin keinerlei Schwierigkeiten. Aber als ich meiner Mutter mit rührender Naivität erklärte, ich hätte einen guten Freund, mit dem sie mich ruhig nach Paris lassen könnte, begegnete ich einem unerbittlichen Nein.

Ich mußte nun schriftlich eingestehen, daß ich nicht mit nach Paris durfte, was Max Beckmann, der bei seiner Mutter längst immer seinen Willen durchsetzte, persönlich übelnahm und überhaupt nicht begreifen konnte. Er war sehr beleidigt. Ich durfte aber nach Amsterdam gehen. Der empörte Max brach zwar seine Beziehungen zu mir ab, erklärte aber, mich zu Weihnachten in Amsterdam besuchen zu wollen.

Er muß in Paris sehr schlechter Laune gewesen sein und sehr einsam. Er schloß sich keiner Malschule an, sondern richtete sich ein Atelier ein, in dem er ein Monumentalbild eines Reiters von enormen Ausmaßen pointillierte, von dem ich aber nur noch Fragmente gesehen habe. Er hatte es zerschnitten, weil er es für ungenügend hielt. Abends saß er in der Closerie des Lilas und trank verbissen seine Flasche Rotwein. Er kaufte alle deutschen Klassiker und Andersens Märchen in Reclamheften, die er sich entzückend grün binden ließ, und entwarf einige Möbel[23]. Es gelang ihm aber nicht, sich zu Hause zu fühlen . . . In seinen Tagebüchern, die ich dann später bekam, waren schon Entwürfe für die »Jungen Männer am Meer«. Im übrigen schien er sehr unglücklich gewesen zu sein . . . Als er später einmal Munch kennenlernte, sagte ihm dieser: »Ach, Sie kenne ich doch, Sie saßen immer abends in der Closerie des Lilas, wo Sie den vielen Rotwein tranken.«

Ich kopierte inzwischen im Rijksmuseum einen Rembrandt, und zu meiner großen Überraschung war bereits am 14. Dezember Weihnachten für ihn... Ich hatte keinen Brief von Max Beckmann bekommen, war mit meinem kleinen Rembrandt fertig und fing gerade eine schöne Dame von van der Helst, die eine blaßrosa Rose in der Hand hielt, zu kopieren an[24]. Ich wohnte in einem der schmalen Heerengracht-Häuser, ging brav jeden Morgen ins Museum und kopierte. Eines Tages, es war am 15. Dezember, fühlte ich mich sehr beobachtet, wagte aber nicht mich umzuschauen, denn das gehörte zu meinen Konventionen; erst als ich eine Rechtsschwenkung für eine Brücke machen mußte, riskierte ich einen Blick nach hinten und sah Max Beckmann. Er hatte sich hinter einer Litfaßsäule vor meinem Hause versteckt und hatte mich verfolgt. Nun war es vorbei mit dem van der Helst.

Ich hatte Max erst am 23. Dezember erwartet. Wir erlebten eine reizende Zeit, krochen in allen Museen herum, in allen Winkeln der Stadt und fuhren zum Schluß noch nach Den Haag und Haarlem. Max liebte Frans Hals besonders. – Ich glaube nicht, daß er Rembrandt immer als »Chef« bezeichnet hat, wenigstens zu meiner Zeit liebte ich mehr Rembrandt und er mehr Frans Hals. Mit dem »Chef« meinte er den lieben Gott.

Ich war in Holland an Madame la Baronne de Rosenthal, die Frau des Bankiers der Königin, empfohlen, die mich, nachdem mich der Diener beim ersten Besuch wegen meiner bescheidenen Aufmachung beinahe rausgeschmissen hätte, sehr liebenswürdig aufnahm, mir immer ihren Wagen schickte, mich zu Diners von 24 Gängen einlud und mir eine neue Welt zeigte...

Als ich, eingeladen in ein Konzert von Messchaert[25], mit der Familie in der ersten Reihe prangte, saß ein paar Reihen dahinter Max Beckmann. Ein paar Würstchen, mit Max Beckmann gegessen in irgendeiner Kneipe, erschienen mir tausendmal verlockender als alle Spiegelsäle und Marmorhallen ihrer Prunkhäuser.

Am 27. Dezember waren wir in Scheveningen; es war furchtbar kalt und wir sehr allein, aber die Nordsee sah ich nie so pompös wie an jenem Tag. Da ich nicht im stolzen Besitz eines Wintermantels war, machte ich meine Haare auf, was Max viel Spaß machte. Dann war leider unser Geld zu Ende. Er empfahl mir, noch ein bißchen bei Corinth[26] in Berlin zu arbeiten, so fuhr ich nach Berlin und er nach Paris zurück.

In Berlin traf ich meine Schwester Annemarie[27], mußte mir ein Zimmer suchen und bekam nach wenigen Tagen einen Brief von Max, in dem er mir schrieb, es müßte aus sein. Es war wohl eine große Zumutung für ihn, mich nie ganz zu besitzen. Ich war natürlich todunglücklich, bis ich einen Brief von ihm bekam, den ich zwar uneröffnet zurückschickte, aber vorher gegen die Lampe gehalten hatte, da konnte ich gerade lesen: ». . . ewig Dein Max.« Mehr konnte ich nicht verlangen[28]. Wir haben uns dann wirklich ein Jahr lang nicht wiedergesehen.

Im Atelier bei Corinth war auch meine liebe Freundin Eve Sprick; Corinth erkannte mich bei einem späteren Zusammentreffen wieder und sagte: »Ach, Sie sind ja die, die durchaus lebensgroße Akte zeichnen wollte.« Corinth war ein sehr anregender Lehrer, er legte großen Wert auf einen, wie er sagte, nervösen Strich. Das heißt, er wollte uns zu Sensibilität und Lebendigkeit führen, seiner Vitalität entsprechend. Er setzte sich gerne auf einen Malhocker vor die Staffelei und konnte mit ein paar Strichen eine Zeichnung ungeheuer beleben . . .

Im nächsten Winter zeichnete ich bewegte Akte in einem Abendaktkurs und ging [eines Abends] um sieben nach Hause. Ich wollte gerade den Kurfürstendamm überschreiten, als die große unvergeßliche Glocke der Gedächtniskirche ihre Wellen über mich hinbrauste. Da stand Max Beckmann plötzlich neben mir, und gleich war alles beim alten . . .

Meine Mutter war nach Berlin gezogen[29], und er mußte nun wohl oder übel einen Besuch bei ihr machen. Sie erzählte, als er ihren Salon betrat, hätte er nicht sie begrüßt, sondern nach den Bildern geschaut, die da hingen. Seine ungewohnten Manieren mögen viel gegen ihn gearbeitet haben. Er hat meine Mutter immer sehr verehrt. Auch sie war eine starke Persönlichkeit, aber sie teilte zunächst nicht meine Begeisterung.

Max Beckmann hatte ein Atelier in der Eisenacher Straße[30] und lud mich ein, seine Sachen anzusehen. Das war ein fabelhaftes Erlebnis. Da standen schon die »Jungen Männer am Meer« und seine Meerlandschaften. Eine ganze Serie von auf Pappe gemalten, etwas japanisch beeinflußten, auch sehr eigenartigen Bildern, die von großer Zartheit waren und die leider zum großen Teil den Bomben und Diebstählen in Berlin 1945 zum Opfer gefallen sind.

Die Einrichtung des Ateliers begann [für ihn] mit einem großen Ärger über einen unverschämten Tapezierer, der für das Aufhängen einiger Vorhänge große Summen verlangt hatte. Max Beckmann verklagte ihn, und als es zum Prozeß kam, war ihm die Sache schon so gleichgültig, daß er nicht mehr hinging und nun auch noch die Gerichtskosten bezahlen mußte. In diesem Atelier kam er in das richtige Arbeiten. Er arbeitete wie ein Berserker, lebte ganz einsam und ging mit Riesenfortschritten auf sein Ziel zu. Er hatte mir sehr viel zu zeigen, während ich, auch von Lehrern befreit, in meinem kleinen Atelier irgendwo in der Nähe der Pariser Straße nicht gerade überwältigende Meisterwerke vorzuzeigen hatte, da meine Gefühle die Fülle der Gesichte beschatteten – genau im Gegensatz zu ihm. – Er war viel bei uns im Haus, genoß mit mir die Musikalität meiner Mutter, die sehr schön Beethoven und Schubert spielte. Sie war so erstaunlich diskret, daß sie sich niemals nach uns umdrehte. Max hat sie oft gemalt[31] und ihren großartigen Charakter sehr gut verstanden. Das war aber erst nach unserer feierlichen Verlobung.

Max war sehr einsam in Berlin, eigentlich hatte er nur einen Bildhauerbekannten, unseren Freund Gross[32]. Max' Mutter war auch nach Berlin gezogen; sein älterer Bruder[33], der ewige Student, ein sehr hübscher Junge, lebte auch in Berlin. Er konnte sich nicht entschließen, ein Examen zu machen, vertat mit mancherlei Abenteuern sein Geld und wollte durch nie arrivierende Erfindungen seine Existenzberechtigung dartun und seine großen Ausgaben rechtfertigen. Mit seiner Schwester[34], die auch in Berlin lebte, verstand [Max] sich nicht gut, da sie sich allzu kräftig seiner Erziehung angenommen und ihm damit seine ohnehin bittere Kindheit um so mehr erschwert hatte, als sie einen gewissen Einfluß auf seine Mutter hatte. Max legte gar keinen Wert auf seine Verwandten und wünschte nicht, daß ich sie kennenlernte. Ich war sehr erstaunt, als ich endlich doch seine Mutter kennenlernte und in ihr eine hübsche, liebenswürdige, auf gute Manieren bedachte Dame fand – um so mehr, als mir Max' revolutionäre Formenverachtung vom ersten Tage an imponiert hatte. Meine Mutter stieß sich daran, genauso wie sich im späteren Leben viele Menschen daran gestoßen haben... Einmal erzählte er, er hätte dem alten Liebermann[35] so gerne in den Mantel geholfen, aber es wäre nicht gegangen, da der sonst wohl gemeint hätte, er wolle sich ihm aufdrängen – und nichts lag ihm ferner.

Mit zwei Freunden unserer Familie, dem Assessor Dr. Franz Kempner[36] und einem jungen Gelehrten, Dr. Voszberg, hatte er einen »Club der Gehirnakrobaten« gegründet. Kempner war eine sehr interessante Mischung eines jüdischen Vaters und einer Generalstochter, er brachte es unter Ebert bis zum Staatssekretär und wurde von Hitler liquidiert. Voszberg starb sehr jung an Tuberkulose, er war ein geistreicher Mensch.

Max Beckmann hatte wunderbare Sachen gemalt, aber er fand sie immer noch schlecht. Ich dachte, daß es ihm aber sehr gut tun würde, auszustellen, und erpreßte seine Erlaubnis, die Bilder auszustellen, durch die kühne Behauptung, daß ich meine Verlobung auflösen würde, wenn er nicht den Versuch machen würde. Er hatte unter anderem einen fast lebensgroßen Akt einer alten Frau gemalt, der wunderbar zart in seiner gelben Tönung vor einer grauen Wand stand oder eigentlich saß. Liebermann, der damals in der Jury war, soll gesagt haben: »Das Bild is jroßartig, aber kömmer nich ausstellen.« Dafür stellten sie ein kleineres Bild[37] von Kindern in der Irrenanstalt aus.

Gleichzeitig schickte Max die »Jungen Männer am Meer« zum Künstlerbund nach Weimar mit mehreren kleineren Bildern; wir bekamen die Nachricht, daß die Nummern seiner Bilder refüsiert wären. Wir saßen tiefbetrübt zusammen und beweinten unser Schicksal. Es gehört die Intelligenz meiner Schwester Annemarie dazu, herauszufinden, daß sie nur die kleinen Bilder refüsiert hatten und das große angenommen. Große Freude.

Durch dieses Bild trat Graf Keßler[38] in Erscheinung, dem Max den Preis der Villa Romana verdankte. Er verschaffte ihm auch einen Porträtauftrag eines Intendanten[39] vom Wiesbadener Theater. Natürlich erregte der Erfolg des unbekannten jungen Mannes die Kollegen. Graf Keßler brachte ihm, in seiner Freude, ihn entdeckt zu haben, alle möglichen Damen der Gesellschaft ins Atelier. Das war gut gemeint, aber die Kehrseite der Medaille, denn Max Beckmann ließ sich nicht gerne stören und genierte sich, wenn er ohne Schlips und in bequemen, aber nicht schönen Hausschuhen den eleganten Damen gegenüberstand. Es paßte auch schlecht zu seiner Malerei, denn er malte gerade eine Kreuzigung[40]. Daraufhin erklärte er, er wollte nach Island ziehen, dahin würde ihn keiner verfolgen... Im Jahr vorher hatte er eine Reise nach Jütland[41] gemacht, und zwar mit einem jungen Jütländer, den er als Modell hatte. Da hatte er sich in die Nordsee endgültig verliebt. Leider war der junge Jütländer mit all seinen Sachen verschwunden, was eine große Enttäuschung war; nur die Bilder hatte er ihm gelassen...[42]

Das Jahr 1906 war für Max in vieler Beziehung sehr entscheidend. Anfang des Jahres war seine Mutter, die schon eine Operation durchgemacht hatte, freudestrahlend vom Arzt nach Hause gekommen, der ihr gesagt hatte, sie brauchte nicht wieder operiert zu werden. Wir feierten sehr bei meiner Mutter, und ich verstand nicht, warum meine Mutter so still an dem Abend war. Ich fragte sie, ob sie sich nicht mitfreue, und sie sagte: »Seht ihr denn nicht, daß die Frau todkrank ist?« Sie war eine Blondine mit blühenden Farben, und ich selbst konnte an ihr keine Veränderung feststellen. Am nächsten Morgen ließ mich Max aus der Gesangsstunde[43] herausrufen und sagte mir, daß der Arzt ihn angerufen und zu sich gebeten hätte, um ihm mitzuteilen, daß seine Mutter todkrank und nicht mehr zu operieren wäre. Krebs. – Das war eine große Erschütterung für Max. Sie hatte ihn nie verstanden, aber natürlich doch sehr geliebt . . .

Max hatte mich gebeten, meine Malerei zu lassen . . . Mir war das ein Opfer, aber ich hatte gerade in einem der musikalischen Abende, die meine Mutter immer hatte, mit einem bekannten Begleiter ein paar Lieder gesungen. Der war etwas erstaunt und hatte gesagt: »Sie können so, wie Sie singen, in jedem Konzert Erfolg haben.« Ich hielt das für einen Wink des Himmels und nahm Gesangsstunden.

Max beichtete mir vier Wochen vor unserer Hochzeit endlich die drei Jahre, die er seinem Alter zugesetzt hatte. Er war sehr zerknirscht und ich ziemlich erschüttert; aber es ließ sich nun nicht ändern. Ich tröstete mich mit meiner Mutter, die auch älter gewesen war als mein Vater und die glücklichste Ehe geführt hatte, die ich je erlebt habe.

Max Beckmanns Mutter starb vier Wochen vor unserer Hochzeit. Sie hatte noch seinen ersten Erfolg miterlebt. Es entstand das Bild »Die Sterbeszene«[44]. Man sagt, es sei von Munch beeinflußt; aber ich glaube das nicht, es war ein Notschrei aus seinem Inneren. Er erbte eine ganze Menge Geld. Acht Tage vor unserer Hochzeit lag ich im Liegestuhl in Görbersdorf und überlegte mir, daß unsere Ehe wahrscheinlich schiefgehen würde, denn es verlangte doch einen gewissen Mut, einen zweiundzwanzigjährigen Mann zu heiraten. Aber an Mut hat es mir noch nie gefehlt. Vielleicht war es auch kein Mut, sondern Ahnungslosigkeit, die Ahnungslosigkeit, mit der man damals junge Mädchen überhaupt in die Ehe gehen ließ. Von

Kochen und Wirtschaften hatte ich auch keine Ahnung. Die Bedenken meiner Mutter in dieser Beziehung wurden von Max mit dem kühnen Wort zurückgewiesen:»Ich will doch keine Köchin heiraten.«

Max fuhr nach Leipzig, um sich bei Klinger[45] und Dr. Friedrich, den Stiftern des Villa-Romana-Preises, zu bedanken. Als ich ihn auf dem Anhalter Bahnhof abholte, war so etwas Strahlendes an ihm, daß ich auf dem düstern Bahnhof vielleicht den sonnigsten Augenblick meines Lebens hatte.

Wir heirateten am 21. September 1906 und fuhren über Braunschweig nach Paris . . . Max hatte durch Meier-Graefe[46] allerhand Empfehlungen für Sammler und Händler . . . Vollard[47] schenkte Max in gemeinsamer Begeisterung ein schönes großes Photo von Cézanne; in dem Heim des Junggesellen, der schöne Impressionisten hatte, überraschte höchste Eleganz mit sehr bescheidener Wohnkultur.

Immer schien die Sonne, die Rosen und Kastanien[48] blühten über und über. Wir saßen in den Parks, wenn wir genug vom Louvre hatten, und Max las mir »Education sentimentale« von Flaubert vor. Wir hatten uns ein Quartier gesucht in der Nähe des Bois de Boulogne[49]. Einmal war Max weg, und als er nach einem Weilchen wiederkam, fragte ich ihn, was er denn gemacht hätte, und er antwortete:»Ich hab' nur dem Gross hundert Mark geschickt, weil es uns so gut geht« . . .

In einer Ausstellung sah er mit seinen sehr scharfen Augen sofort, welches Bild am wichtigsten war. Ich ging dann schön brav und sah mir alle an, und immer hatte er recht. Ein kleines trauriges Erlebnis hatten wir in Paris zweimal. Wenn wir abends in der Droschke nach Hause fuhren, passierte es uns, daß man uns als Deutsche erkannte und der Droschkenkutscher uns nicht weiterfuhr, weil der Haß von 1870 wegen Elsaß-Lothringen noch so groß war. – Einmal wollten wir im »Ritz« ganz besonders schön Abendbrot essen. Wir kamen viel zu früh, und sämtliche Kellner versammelten sich hohnlachend um unseren Tisch. Max schaute einen nach dem anderen an, sagte kein Wort, aber einer nach dem anderen verschwand ... Nach vier Wochen regnete es plötzlich, und da gefiel es uns nicht mehr in Paris, und wir fuhren nach Florenz.

Florenz ist eine wundervolle Stadt, aber eine Rose mit vielen Dornen. Ich hatte mich so sehr auf Michelangelo gefreut. Ich hatte im Altenburger Museum mit elf Jahren eine Kopie der »Lybischen Sibylle« gesehen, die eigentlich daran schuld ist, daß ich Malerin geworden bin. Max liebte Tintoretto besonders. Aber es war nun schon ein bißchen spät im Jahr, und die Mücken wurden zur Katastrophe.

Die Villa Romana war reizend. Wir hatten einen Blick[50] über die ganze Stadt hinweg – man sah bis Fiesole – und zwei oder drei kleine Zimmer. Ein liebenswürdiges Ehepaar besorgte die Bedienung, und alles war sehr liebevoll ausgedacht. Aber auch hier gab es Dornen. Unsere liebe alte Freundin Dora Hitz[51], die auch den Villa-Romana-Preis hatte, kam nicht, dafür kamen zwei Maler aus München: ein Herr Pietzsch[52], der noch harmlos war. Dann erschien der Zeichner Schlittgen[53]. Er war über fünfzig und beehrte uns mit seinem aufrichtigen Haß. Er selbst hatte einen Sohn von 25 Jahren, der Maler war und wohl ein bißchen von dem Ruhm seines Vaters lebte, der in den »Fliegenden Blättern« viele Zeichnungen hatte und nun ständig auf die Berliner schimpfte, die die dummen Jungen bereits mit 25 Jahren in die Villa Romana schickten. Armer Max, er war erst 22. Schlittgen wollte uns furchtbar imponieren mit seinen Literaturkenntnissen, aber auch darin kam er nicht zum Erfolg, weil der dumme Junge aus Berlin das alles auch gelesen hatte, was er schätzte. Schließlich waren wir gezwungen, um des lieben Friedens willen in ein österreichisches Lokal zum Essen abzuwandern ... Irgend jemand sagte, es läge am Chianti, der mache die Leute zanksüchtig. Da tranken wir keinen Chianti mehr, denn er schmeckte uns sowieso nicht, und wir tranken Rheinwein.

Wenn wir die Via Romana höher hinauf stiegen, kamen wir zu

einer Villa, die der Bildhauer Graf Harrach[54] gemietet hatte. Er wohnte dort mit seiner entzückenden jungen Frau, einer Schwester der Fürstin Lichnowsky... Wir lernten damals auch Maler von der späteren »Brücke«[55] kennen, die Max gewinnen wollten für den Aufbau; es gelang ihnen nicht. Auch in den Museen war es damals kalt, und wir empfanden die Italiener [d. h. die Maler] allmählich als Theater und flüchteten immer zu dem van der Goes[56]. Die Liebe zu Michelangelo blieb aber.

Max hatte vor unserer Abfahrt von Berlin noch ein Terrain im Norden von Berlin[57] gekauft, und ich durfte die Pläne für unser Haus machen. Ich bin sehr stolz, daß Wichert[58] gesagt hat, es sei das erste moderne Haus gewesen, das er gesehen hätte. Wir hatten die Pläne einem Baumeister übergeben, und im Frühling zog es uns, trotz der schönen Blumen in Florenz, nach Berlin zurück. Wir hatten zu Weihnachten einen Abstecher nach Berlin gemacht, auch, um Max' Beziehungen wieder ein bißchen aufzufrischen. Ich besinne mich nur auf einen entzükkenden Abend, zu dem uns Paul Cassirer eingeladen hatte. Da war alles versammelt, was in der Zeit interessant war – Wedekind[59] mit seinen schönen Augen und einem ausgeprägten Spitzbäuchlein; Reinhardt[60] und Moissi[61] improvisierten eine Szene von ein paar alten Weibern, die sie durch ein paar Halstücher markierten. Frau Durieux[62], die in charmanter Weise Paul Cassirer umgirrte, der weißhaarige Mosson[63], der die schwierige Sache fertigbrachte, ganz steif vornüber zu fallen, ohne sich weh zu tun; der Maler von Kardorff[64], der mit seiner schönen Frau gelassen dem übermütigen Getobe zusah.

Trotzdem hatten wir viele von unseren Beziehungen verloren. Für die Berliner Maler war der Erfolg von Max zu schnell gewesen; wir bekamen das erst später zu spüren.

Der Baumeister hatte versprochen, das Haus bis zum 1. Juni schlüsselfertig zu haben. Max' Bruder Richard hatte die Aufsicht übernommen, aber beide versagten vollständig. Das Haus war nicht fertig und lag statt an der höchsten Stelle an der tiefsten Stelle des Terrains, was mich sehr unglücklich machte... denn dadurch entfiel der Hauptreiz der Front, die ich mir mit einer Terrasse und Stufen gedacht hatte. Es war irreparabel. Max ging mit einem Freund aus Weimar an die Ostsee, mit dem Maler Kunwald, und malte da unter anderem die Fischersfrau, Frau Pagel[65].

Ich fuhr unterdessen einen Tag nach der Jannowitzbrücke, wo unsere Möbel gemacht wurden, die ich entworfen hatte, weil wir die herrschende Mode mit den vielen Schnitzereien scheußlich fanden, und den anderen Tag nach Hermsdorf, um den Bau in Schwung zu bringen. Ich wohnte bei meiner Mutter im Westen von Berlin und kutschierte also drauflos, einmal in den Norden, einmal in den Osten von Berlin. Der Baumeister hatte die ganzen Rohre vergessen und war immer empört über meine Ideen. Als ich die Treppe weiß streichen ließ und die Wände der Zimmer grau, ging seine Empörung so weit, daß er an Max schrieb, das könnte doch nicht richtig sein. Max teilte ihm ziemlich schroff mit, daß das schon seine Richtigkeit hätte, und ich schaffte mir eine silberne Lorgnette mit langem Stiel an. Das beides imponierte dem Baumeister dann doch so, daß er meinen Wünschen entsprach.

Max schrieb mir, ich wollte ihn wohl nicht wieder haben, aber am 8. August [1907] konnten wir endlich einziehen. Meine große Dummheit war gewesen, daß ich mich gegen eine eingebaute Heizung gewehrt hatte wegen der engen Luft und weil ich die Kachelöfen viel schöner fand. In dem großen Atelier mußten die nackten Modelle ziemlich zittern trotz der zwei Kachelöfen. Im zweiten Winter, in dem wir froren, ließen wir vor die hübschen Kachelöfen feste Koksöfen setzen. Trotzdem war der Winter immer unangenehm. Immer, wenn es in den Gesellschaften gerade nett wurde, mußten wir mit dem letzten Zug wegfahren, so daß wir uns schließlich entschlossen, für den Winter in die Stadt zu ziehen[66].

Unterdessen hatten wir natürlich viele Bekannte durch die

Secession bekommen. Max machte eifrig in Kunstpolitik, und ich gab meine ersten Konzerte... Meine Singerei machte Max Freude, nur üben sollte ich nicht.

Der interessanteste Mann, den ich kennenlernte, war für mich Rathenau[67]. Er mußte mich einmal bei einem Secessionsfest zu Tisch führen... Wir sahen ihn dann öfter bei Dora Hitz, wo wir auch Rilke und seine Frau[68] kennenlernten. Auf einer Einladung bei Rathenau saß ich mit dem Bürgermeister Reicke[69] zusammen. Wir konstatierten, daß wir die einzigen waren, die sich wohl fühlten, denn sonst war nur Prominenz da, die kein Publikum hatte. Ich sehe noch Liebermann, der in der Stube herumlief und seine Witze für sich behielt. Sehr interessant war mir, auf einer Gesellschaft bei Mosson Hugo von Hofmannsthal mit seiner schönen Frau kennenzulernen. Er saß mir bei Tisch gegenüber, und ich dachte an eine Abendstunde, in der ich mit Eve Meid seine »Elektra« in Begeisterung gelesen hatte; Hofmannsthal hatte einen wunderbaren Römerkopf, sein Gang enttäuschte dann... Sehr hübsch war auch eine Gesellschaft bei Meier-Graefe mit Graf Keßler und dem Dichter Rudolf Alexander Schröder[70], der damals ein sehr eleganter junger Mann war. Meier-Graefe setzte sich sehr für Bonnard[71] ein und verstieg sich zu der etwas rabiaten Behauptung, daß Bonnard mehr wert wäre wie der ganze Dürer zusammen. Er hatte gerade Greco entdeckt und machte ihn populär...

Max malte seine großen Bilder, für die es aber keinen Mäzen gab. Er sehnte sich nach großen Wänden, aber da war nur der Herr Simms in Hamburg, der keine großen Wände hatte. Die Kirchen kauften keine modernen Bilder, und der Kaiser regierte forsch drauflos ohne Kunstverständnis; die Secession hatte er besonders auf dem Strich. Als die Kaiserin einmal durch eine moderne Sammlung geführt wurde – ich glaube, es war sogar in der Secession –, sagte sie: »Wie können die Leute denn noch so malen, mein Mann hat ihnen doch gesagt, daß das schlecht ist.« Die Meinungen prallten sehr heftig aufeinander.

Was uns jetzt schon beinahe klassisch vorkommt, erregte den Bürger, und dadurch kam ein sehr interessantes Leben zustande in dem aufgeschlossenen Berlin der Vorkriegsjahre. Am Abend vor einer Ausstellungseröffnung der Secession führte mich Justi[72] zu Tisch; auf der anderen Seite saß Kolbe[73]. Er hatte die Ausstellung bereits gesehen und war so beeindruckt von den Bildern von Beckmann, daß er glaubte, das würde der ganz große Schlager werden. Er war gelb vor Neid. Max hatte ihn für seinen Freund gehalten, was ich schon immer stark bezweifelt hatte. Dann kamen Kritiken, und einer der Kritiker schrieb in drei verschiedenen Zeitungen; in einer konservativen verriß er Max nach Strich und Faden, in einer liberalen Zeitung war die Sache ganz gut, und in einer linksstehenden erreichte er das Klassenziel. Das war Berlin – aber meine Hochachtung vor den Herren Kritikern steigerte sich nicht gerade. Damals hat Max das reizende Porträt gemalt mit der Zeitung und dem ironischen Lächeln[74].

Wir hatten uns bis 1913, wo ich meine ersten Konzerte gab, in Berlin gut eingewöhnt. Max hatte den gewünschten Erfolg, auch pekuniär ging es uns gut... Morgens nach dem Frühstück mußte ich immer mit Max durch den Wald gehen, und er mochte sehr gern, wenn ich ihm da irgendwelche Märchen erzählte. Abends arrangierten wir uns manchmal kleine Feste mit Sekt und großer Toilette.

Aber dann kam 1914. Wir fuhren an die See nach Zoppot im Juli, trotz des Schocks, den wir bekommen hatten, als wir hörten, daß der österreichische Kronprinz mit seiner tschechischen Frau einem Attentat zum Opfer gefallen war. Mein Bruder Martin war Hauptmann in Danzig in einem guten Regiment. Er wurde mit seiner Kompanie an die Grenze geworfen, aber er beruhigte uns, indem er sagte, das wäre schon öfter passiert und einen Krieg würde niemand riskieren, denn die Waffen wären so gefährlich, daß das kein denkender Mensch riskieren könnte. – Wir fuhren erst am 31. Juli ab. In unserem Coupé saß eine sehr zurückhaltende Engländerin, die aber trotzdem erzählte, daß sie von England aus abberufen wäre, was uns sehr unheimlich war, denn von England war ja gar nicht die Rede.

Und schon war der Krieg erklärt. In Berlin war große Begeisterung. Unvergeßlich, wie wir über die Linden gingen – ein Jubel, nur Max ging mit einem Zeichenblock und zurückgeschobenem Hut mitten in der Straße und zeichnete die armen Irren ab. Da klopfte ihm ein riesiger Junker oder etwas Derartiges auf die Schulter und sagte: »Mensch, wie können Sie jetzt zeichnen in all dem Jubel!« – Max antwortete: »Das ist das größte nationale Unglück, was uns treffen kann.« Mir und wohl auch dem Angreifer ging ein kalter Schauer über den Rücken. Der wurde viel kleiner und verschwand in der Menge. Max hatte wieder einmal recht. Wir verloren an dem Tage für 24000 Mark Aufträge.

Mein Bruder kam gleich nach Ostpreußen in die Kämpfe und zog mit seiner Kompanie herum. Der Krieg war nicht sehr gut vorbereitet. Ich konnte ein Paket schicken mit Lebensmitteln, und Martin erzählte dann, daß ihnen das sehr geholfen hatte, da sie nur von Rüben gelebt hatten, die sie aus den Feldern gezogen hatten. Unsere Freundin Gräfin Hagen[75] schrieb aus einem Lazarett, daß es sehr am Allernötigsten mangelte, und wir sammelten einen großen Reisekorb voll Wäsche und Sekt und Konserven, die wir ihnen durchs Rote Kreuz schicken wollten. Leider machte das Rote Kreuz Schwierigkeiten, es war nicht für Einzeloperationen, worauf Max sich sofort entschloß, selbst damit hinzufahren – sie war in einem Lazarett in Ostpreußen. Da wurde Max zum erstenmal als Spion verhaftet[76]; es verlief aber sehr glücklich, und der aufgeregte Bäckermeister, der das veranlaßt hatte, wurde beruhigt. Max landete [in Ostpreußen] und blieb gleich da, denn man ließ ihn nicht weg. So begann seine Tätigkeit als Sanitäter...

Am 31. August, Peters Geburtstag, kam mein Bruder Martin schwer verwundet zu uns, er hatte die Schlacht bei Tannenberg mitgemacht ... seine ganze Kompanie war aufgerieben ... Die Geburtstagsfeier wurde abgeblasen und der Arzt geholt. Ich sollte an dem Abend meine Prüfung als Sanitätshelferin machen und mußte nun gleich assistieren bei einem tiefen Schnitt in den Rücken meines Bruders, wo eine Kugel herausgeholt wurde. Außerdem sagte mein Bruder: »Ich habe wohl sehr geschwollene Drüsen.« Aber die Drüsen waren aus Eisen, der Doktor mußte auch da ein Geschoß entfernen. Max machte eine gute Lithographie von ihm mit allen seinen Verbänden. Nach vier Wochen war alles wieder in Ordnung, ich brachte Martin auf den Friedrichstraßenbahnhof und habe immer bereut, daß ich ihm zum Abschied nicht einmal einen Kuß gegeben habe, woran mich die Konvention hinderte. Ich sah ihn nie wieder. Er wurde sehr bald darauf, Anfang November, in Polen erschossen. Seine Leute wollten ihn begraben, aber der Friedhof in Polen kam unter Beschuß, so ließen sie die Bahre liegen. Ein anderer Offizier, der später dorthin kam und ihn beerdigt hat, hat irgendwann einmal die Lithographie[77] gesehen und ihn daran erkannt, er konnte uns dann mitteilen, daß er begraben wurde und wo.

Es war eine furchtbare Zeit. Konzerte gab es nicht mehr, nur noch eine Art von Wohltätigkeitskonzerten, und jedesmal, wenn ich sang, bekam ich vorher die Nachricht von einem besonders schmerzlichen Todesfall. Meine schöne glückliche Schwester Else[78] starb an einer Lungenentzündung, die sie sich im Bahnhofsdienst zugezogen hatte. Unser Freund Rösler[79], ein sehr begabter Maler, brachte sich um, weil er mit der Schießerei nicht fertig wurde ...

Max kam wieder zurück nach Berlin und meldete sich nun freiwillig zum Sanitätsdienst. Er hat damals noch ein Bild von uns dreien gemalt, im Wagen sitzend[80], während ich entgegen meines Versprechens meine Mutter malte mit ihrem kleinen Enkel[81], um sie ein bißchen zu trösten. Ich wohnte bei ihr, und Max kam immer abends, und wir spielten Schach ... Er wurde zum Unterrichten im Dienst in Berlin eingesetzt, wo ich zum erstenmal erlebte, wie die Damen hinter ihm her waren... Er kam dann nach Brüssel und wurde nach Ypern versetzt, er sollte in Ypern ein Relief[82] malen in einer Entlausungsanstalt, was er auch getan hat. Da wurde er zum zweitenmal als Spion verhaftet. Er hatte sich in einer Mußestunde in die vorderste Reihe der Angriffslinie gesetzt, was ja an sich schon gefährlich genug war, und gezeichnet[83]. Da stürzten zwei Soldaten auf ihn zu, aber glücklicherweise erschossen sie ihn nicht sofort und warteten auf ihren Hauptmann. Da geschah das Unwahrscheinliche, daß der Hauptmann ein Bild von ihm kannte und ihn laufen ließ. Ich bekam ungefähr jeden Tag einen Brief von ihm, und als Scheffler ihn dann bat, für »Kunst und Künstler« etwas aus dem Krieg zu schreiben, und er das absolut nicht wollte, bat mich Scheffler, etwas aus meinen Briefen zusammenzustellen, was Max zwar auch nicht sehr lieb war, aber er genehmigte es[84]. Ich bin dafür sehr dankbar, denn die Briefe sind mit vielen anderen verloren, und auf diese Art habe ich wenigstens etwas behalten. Nach meiner Flucht aus Berlin nach dem zweiten Weltkrieg war die Truhe geleert, die voller Briefe war...[85]

Anmerkungen

1 Carl Heinrich Christian Beckmann, geb. 1839 in Helmstedt, gest. 1894 in Leipzig; Antonie Henriette Bertha Beckmann geb. Düber, geb. 1846 in Königslutter am Elm, gest. 1906 in Berlin; Heirat 1867. Die Eltern lebten zunächst in Braunschweig und zogen vor 1880 (nach Auskunft von Peter Beckmann) nach Leipzig.

2 Johann Heinrich Friedrich Düber (1817–1879).

3 Der Vormund, Friedrich Beckmann, verheiratet mit Marie Beckmann geb. Düber. Porträtzeichnung Friedrich Beckmann von Max Beckmann, 1903 (von Wiese 5a), abgebildet in Peter Beckmann,»Max Beckmann – Leben und Werk«, Stuttgart/Zürich 1982, S. 17.

4 In der Nähe von Bad Gandersheim im Harz. Siehe auch Mathilde Q. Beckmann,»Mein Leben mit Max Beckmann«, München/Zürich 1983, S. 113 ff.

5 In dem früheren Manuskript schreibt Minna Beckmann-Tube von »ungefähr fünf Jahren«, in einem Interview»Leben an der Seite eines Genies« in der Zeitschrift»Der Regenbogen«, München 1962, Nr. 9, S. 4–7, ist von»etwa sieben Jahren später« die Rede. – Nach Mitteilung von Generaldirektor Prof. Dr. Manfred Bachmann, Staatliche Kunstsammlungen Dresden, findet sich in den vorhandenen Akten der Dresdener Kunstakademie kein Hinweis für ein Lehrangebot.

6 Hans Olde (1855–1917) war 1902–11 Leiter der Kunstschule in Weimar. In seiner Naturklasse studierte Minna Tube seit dem Wintersemester 1902/1903.

7 Wilhelm von Scholz (1874–1969).

8 Mit Ugi Battenberg (1879–1957) und seiner Frau Fridel verband Beckmann eine lebenslange Freundschaft.

9 Mit Margrit von Thüna war Minna Tube ein Jahr lang in einem Pensionat in Lausanne zusammen gewesen.

10 Dr. med. Theodor Römpler (geboren 1845), der in Görbersdorf (Schlesien) das erste deutsche Tuberkulosesanatorium mitbegründete; das Sanatorium besteht noch.

11 Das Porträt ist nicht erhalten.

12 Martin Tube (1878–1914), Bruder von Minna Tube (siehe S. 177 ff.).

13 Franz von Liszt (1811–1868) wohnte hier ab 1849.

14 Max Halbe (1865–1944), vor allem durch seine Dramen»Jugend« (1893),»Der Strom« (1904) und»Der Ring des Gauklers« (1911) bekannt.

15 Rudolf Eucken (1846–1926), seit 1874 Professor für Philosophie in Jena; 1908 Nobelpreis für Literatur.

16 Ernst Haeckel (1834–1919), 1862–1909 Professor in Jena. Vertreter der Evolutionstheorie und Verfechter einer atheistischen Naturreligion als Ergebnis der Wissenschaft. Sein Buch »Welträtsel« (1899) erlebte höchste Auflagen.

17 Heinrich Knirr (1862–1944). Das Atelier Knirrs, zunächst in der Leopoldstraße 52, befand sich ab 1899 im Rückgebäude Amalienstraße 29, ab Januar 1900 im Rückgebäude Amalienstraße 57. Knirr hatte auch ein »Damenatelier«.

18 Christian Landenberger (1862–1927) war 1899–1905 Lehrer an der Münchner »Damenakademie«, ab 1905 Professor an der Akademie in Stuttgart.

19 Franz von Stuck (1863–1928), Franz von Lenbach (1836–1904) und Friedrich August von Kaulbach (1850–1920) haben in München immer als Repräsentanten großbürgerlicher Malerei gegolten.

20 Damals noch Eve Sprick.

21 Verbleib der Zeichnung unbekannt.

22 Siehe Max Beckmann, S. 14: »6. Febr. 1903 bis 20. August 1903«.

23 Ein von Beckmann entworfener Sessel ist noch im Besitz der Familie.

24 Die Rembrandt-Kopie von Minna Tube ist nicht mehr nachzuweisen. Die Kataloge des Rijksmuseum weisen für Bartholomeus van der Helst (1613–1670) kein Damenporträt mit einer blaßrosa Rose aus. – Ein von Helst gemaltes Porträt der Prinzessin Maria Stuart der Älteren (1631–1661), der Witwe Prinz Wilhelms II. von Oranien (Kat. Nr. 1142), zeigt die Dargestellte mit einer Orange und einem blühenden Orangenzweig.

25 Johannes Martinus Messchaert (1857–1922), berühmter Bariton, Konzert- und Oratoriensänger; Vereinsdirigent und Lehrer in Amsterdam, in Wiesbaden ab 1880, am Hoch'schen Konservatorium Frankfurt a. M. ab 1911, später an der Hochschule für Musik in Berlin und am Konservatorium in Zürich.

26 Lovis Corinth (1858–1925) war 1901 von München nach Berlin gezogen und hatte dort eine Malschule eröffnet.

27 Annemarie Tube war Studienrätin und leitete später in Darmstadt, wo sie 1917 starb, eine Mädchenschule.

28 Zu diesem Brief siehe Max Beckmann, S. 87.

29 Minna Tube, geb. Römpler, war nach dem Tod ihres Mannes 1889 in Danzig zunächst nach Altenburg in Thüringen und im Januar 1904 nach Berlin, Pariser Straße 2, gezogen.

30 Beckmann hat 1905/06 einen Blick aus seinem Atelier in Berlin-Schöneberg, Eisenacher Straße 103, gemalt (Göpel 52; Kunsthalle, Bremen).

31 »Bildnis Frau Tube«, 1919 (Göpel 201), Kunsthalle, Mannheim; sonst in Gruppenporträts: »Unterhaltung«, 1908 (Göpel 88), Nationalgalerie (Stiftung Preußischer Kulturbesitz), Berlin; »Familienbild«, 1920 (Göpel 207), Museum of Modern Art, New York; »Vor dem Maskenball«, 1922 (Göpel 216), Bayerische Staatsgemäldesammlungen, München, und, als Assistenzfigur, in der »Auferstehung«, 1909 (Göpel 104), Württembergische Staats-

galerie, Stuttgart. – Beckmann hat Frau Tube auch verschiedentlich gezeichnet; in seinen Druckgraphiken kommt sie mehrfach vor.

32 Vom Bildhauer Wilhelm Gross (1883–1974) gibt es im Besitz von Peter Beckmann einen Porträtkopf Minna Beckmann-Tube (entstanden vor 1908). Max Beckmann hat Gross 1905 gemalt (Göpel 45; Verbleib unbekannt). – Die »Kinder aus Jütland«, gemalt 1905 (Göpel 37), heute Kunsthalle, Bremen, hatte Beckmann Gross geschenkt.

33 Richard Beckmann.

34 Das Porträt, das Beckmann von seiner Schwester Grethe 1905 gemalt hat (Göpel 44), ist nicht mehr vorhanden.

35 Max Liebermann (1877–1935) spielte in der Geschichte der Berliner Secession eine wichtige Rolle.

36 Dr. Franz Kempner, ehemaliger Staatssekretär Stresemanns; wurde im Januar 1945 als Widerstandskämpfer vom Volksgerichtshof zum Tode verurteilt und im März 1945 hingerichtet. Er stand in Verbindung mit Goerdeler, der ihn für ein künftiges Kabinett als Staatssekretär in Aussicht genommen hatte. (Mitteilung von Prof. e. h. Dr. Robert M. W. Kempner.) Franz Kempner ist auf dem Auferstehungsbild (1909) von Beckmann (Goepel 104) rechts am Bildrand neben Augusta Gräfin Hagen (1872–1949) dargestellt. Ein von Beckmann 1906 gemaltes Porträt Dr. Franz Kempner (Goepel 54) ging in den zwanziger Jahren im Haus Hermsdorf, Ringstraße 8, durch Nässe zugrunde.

37 Kranke Kinder (Studie), 1906 (Göpel 53). Das Gemälde ist wohl nicht identisch mit den »Idioten« aus dem Jahr 1913 (Göpel 169; Privatbesitz, New York).

38 Harry Graf Keßler (1868–1937), schrieb ab 1896 für die Zeitschrift »Pan«, er lebte seit 1902 in Weimar. Mitarbeiter Hugo von Hofmannsthals (1874–1929) bei dessen Opernlibretti.

39 Bildnis Kurt von Mutzenbecher, 1906 (Göpel 59); Mutzenbecher (1866–1938) war 1905–19 Intendant der Königlichen Schauspiele in Wiesbaden. Verbleib des Bildes nicht bekannt.

40 Kreuzigung Christi, 1909 (Göpel 119; Sammlung Schäfer, Schweinfurt).

41 Minna Beckmann-Tube irrt sich hier im Datum; die Reise nach Jütland machte Beckmann 1905.

42 Der Däne hieß Petersen; Verbleib des von Beckmann gemalten Porträts Petersen, 1905 (Göpel 24), nicht bekannt. Beckmann malte in Jütland Meerlandschaften (Göpel 28, 29, 30, 31, 32, 33, 35, 38, 39, 40, 41, 42), eine Abendlandschaft mit Pferden (Göpel 34), ein Selbstbildnis (Göpel 36), das auf dem Einband dieses Buches abgebildet ist, und die Kinder aus Jütland (Göpel 37). – Von den in Jütland gemalten Bildern verbrannte eins (Göpel 42) im zweiten Weltkrieg im Haus von Hans und Eve Meid in Berlin. Von einigen ist der Verbleib unbekannt, obwohl mehrere von den im Haus in Hermsdorf nach 1945 gestohlenen Bildern inzwischen wieder aufgetaucht sind. »Sonniges grünes Meer« (Göpel 28) ist in Privatbesitz, »Große Buhne« (Göpel 29)

im Museum der bildenden Künste, Leipzig; »Stürmischer Tag« (Göpel 30),
Sammlung Buchheim, Feldafing; »Große graue Wellen« (Göpel 31), Privat-
besitz; »Kleine Buhne« (Göpel 32), Privatbesitz; »Strandhafer« (Göpel 35),
Privatbesitz, USA; »Selbstbildnis« (Göpel 36), Städtische Galerie im Städel-
schen Kunstinstitut, Frankfurt a. M.; »Nebelsonne« (Göpel 40), Sammlung
Schäfer, Schweinfurt.

43 Minna Tubes Gesangslehrerin war Tilly Erlenmeyer (geboren 1875). In
der Heiratsurkunde in Berlin ist Minna Beckmann-Tube als Musikstudentin
eingetragen (Mitteilung Peter Beckmann).

44 Gemeint ist das Gemälde »Große Sterbeszene«, 1906 (Göpel 61), Stiftung Günther Franke an die Bayerischen Staatsgemäldesammlungen, München.

45 Max Klinger (1857–1920), bei der Gründung des Deutschen Künstlerbundes 1903 dessen Vizepräsident; auf seinen Vorschlag wurde das Atelier-
haus Villa Romana 1905 in Florenz gegründet, doch auch schon 1906 vom
Künstlerbund wieder getrennt.

46 Julius Meier-Graefe (1862–1935) schrieb unter anderem »Der Fall
Böcklin«, »Hans von Marées«, 3 Bde., und eine dreibändige »Entwicklungs-
geschichte der modernen Kunst«; er war Mitautor der 1924 bei Piper
erschienenen Monographie über Beckmann.

47 Ambroise Vollard (1868–1939) schrieb 1937 seine Memoiren (deutsch
1957 im Diogenes Verlag, Zürich, neu übersetzt 1980 ebenda).

48 In Paris blühen die Kastanien häufig im Herbst zum zweitenmal.

49 8, rue Lalo, Paris XVIe.

50 Beckmann hat in Florenz zweimal den Ausblick aus der Villa Romana
gemalt: »Ausblick aus der Villa Romana (grau)« und »Ausblick aus der Villa
Romana (sonnig)«, der Verbleib von beiden (Göpel 64 und 68) ist nicht
bekannt. In Florenz entstand unter anderen auch das gegen das Fenster
gemalte »Selbstbildnis Florenz« (Göpel 66), Privatbesitz.

51 Dora Hitz (1856–1924) war Mitbegründerin der Berliner Secession.

52 Richard Pietzsch (1872–1960).

53 Hermann Schlittgen (1859–1930).

54 Hans Albrecht Graf Harrach (1873–1963) studierte in Paris, zog 1925
nach München.

55 Die Künstlergruppe »Brücke« wurde schon 1905 in Dresden gegründet.

56 Höchstwahrscheinlich zum Portinari-Altar von Hugo van der Goes (um
1440–1482) in den Uffizien.

57 Hermsdorf, Ringstraße 8. Heute Ringstraße 17.

58 Fritz Wichert (1878–1951), 1907–09 Museumsassistent von Georg
Swarzenski (1876–1957) am Städelschen Kunstinstitut Frankfurt a. M.,
Direktor der Städtischen Kunsthalle Mannheim 1909–22, 1924–33 Leiter der
Städelschule/Kunstgewerbeschule in Frankfurt a. M. Ein »Bildnis Fritz
Wichert«, 1927 (Göpel 228), hat Beckmann nach 1938 vernichtet.

59 Frank Wedekind (1864–1918) war 1905–08 Mitglied des Deutschen
Theaters in Berlin.

60 Max Reinhardt (1873–1943) übernahm 1906 die Leitung des Deutschen Theaters in Berlin.

61 Der Schauspieler Alexander Moissi (1880–1935) trat 1906 fest in das Ensemble Max Reinhardts ein.

62 Die Schauspielerin Tilla Durieux (1880–1971) spielte seit 1903 in Berlin bei Max Reinhardt. Sie war in erster Ehe mit Paul Cassirer verheiratet.

63 Der Maler Georges Mosson (1851–1933), Mitglied der Secession.

64 Konrad von Kardorff (1877–1945) und seine Frau Ina, geb. Bruhn. Kardorff hat in der Geschichte der Secession eine aktive Rolle gespielt (dazu Peter Paret: »Die Berliner Secession. Moderne Kunst und ihre Feinde im kaiserlichen Deutschland«, Berlin 1981).

65 »Bildnis Frau Pagel«, 1907 (Göpel 78). Wilhelmine Pagel war eine Fischersfrau in Vietzkerstrand an der Ostsee.

66 In eine Atelierwohnung am Nollendorfplatz 6. Das Gemälde »Blick auf den Nollendorfplatz«, 1911 (Göpel 150), zeigt einen Ausblick aus der Wohnung.

67 Walther Rathenau, geb. 1867, wurde 1922 ermordet.

68 Rainer Maria Rilke (1875–1926) und Clara Westhoff-Rilke (1878–1954) heirateten 1901. Clara Westhoff-Rilke siedelte 1906 nach Berlin über, in ihren späten Jahren arbeitete sie weniger als Bildhauerin denn als Malerin.

69 Georg Reicke (1863–1932) war seit 1903 zweiter Bürgermeister von Berlin. Er verfaßte Romane und einige Dramen.

70 Rudolf Alexander Schröder (1878–1962).

71 Pierre Bonnard (1867–1947).

72 Ludwig Justi (1876–1957) hat sich 1909–33 während seiner Amtszeit, vor allem als Direktor der Nationalgalerie, um die moderne Kunst in Deutschland einmalige Verdienste erworben. Auf ihn geht die Initiative zurück, das Kronprinzenpalais zu einer modernen Galerie zu machen, dort hatte auch Beckmann einen eigenen Saal (seit 1932). Justi wurde 1933 an die Staatliche Kunstbibliothek, Berlin, strafversetzt, und wurde 1946 erneut Direktor der Ehemals Staatlichen Museen in Berlin.

73 Der Bildhauer Georg Kolbe (1877–1947).

74 »Selbstbildnis (lachend)«, 1911 (Göpel 138). Göpel beruft sich auf eine Mitteilung von Minna Beckmann-Tube, das Selbstporträt sei »die Antwort auf eine scharfe Kritik über M. B. von Fritz Stahl, die im Berliner Tageblatt erschien«, gewesen (Göpel Bd. I, S. 105).

75 »Bildnis Augusta Gräfin vom Hagen«, 1908 (Göpel 94), Staatliche Kunstsammlungen, Dresden.

76 Siehe Max Beckmann, »Briefe im Kriege«, Neuausgabe München/ Zürich 1984, S. 14 ff.

77 Die Porträtlithographie des verwundeten Schwagers Martin Tube (Gallwitz 53) erschien im November 1914 in den von Paul Cassirer verlegten »Künstlerflugblättern« Nr. 11. Martin Tube fiel am 11. Oktober 1914 bei Iwangorod.

78 Else Simon, geb. Tube.

79 Waldemar Rösler nahm sich 1916 das Leben, weil er vor ein Ehrengericht gestellt werden sollte; er hatte sich als Soldat geweigert zu schießen.

80 »Im Auto«, 1914 (Göpel 185), Privatbesitz.

81 Das lebensgroß gemalte Bild ist im Besitz der Familie.

82 Minna Beckmann-Tube meint hier offenbar das Wandbild in Wervik, 1915 (Göpel 186), gemalt im Auftrag des Oberstabsarztes Prof. Dr. Kühn, in der Badeanstalt im Feldlazarett 9 des XV. Korps. Im ersten Weltkrieg zerstört. – Siehe Beckmann, »Briefe im Kriege«, a.a.O., S. 30 ff.

83 Siehe Beckmann, »Briefe im Kriege«, a.a.O., S. 74 ff.

84 Zum erstenmal erschienen die Briefe, von Minna Beckmann-Tube gekürzt und ausgewählt, in »Kunst und Künstler«: 1914 (Heft III, Dezember) und 1915 (Heft X, Juli), und als Buch 1916 im Verlag Bruno Cassirer, Berlin. – Eine weitere Ausgabe kam bei Albert Langen/Georg Müller, München 1955, heraus. – Die jüngste Ausgabe: Gesammelt von Minna Tube. Mit 32 Zeichnungen des Künstlers. Nachwort von Peter Beckmann, München/Zürich 1984 (Serie Piper 286).

85 Minna Beckmann-Tube war 1945, vor dem Einmarsch der sowjetischen Truppen, zu ihrem Sohn Peter Beckmann nach Gauting bei München geflüchtet. Das Haus in Hermsdorf stand lange leer. Der größere Teil der damals gestohlenen Gemälde tauchte wieder auf, vom Inhalt der Truhe wurde nichts bekannt.

Anhang

Lebensdaten Max Beckmann

1884   Am 12. Februar kommt Max Beckmann als Sohn des Getreidehändlers Carl Heinrich Christian Beckmann und seiner Frau Antonie Henriette Bertha, geb. Düber, in Leipzig zur Welt.

1892–94 Schulbesuch in Falkenburg (Pommern).

1894   Tod des Vaters. Die Familie zieht nach Braunschweig. Schulbesuch in Braunschweig, Königslutter und Bad Gandersheim.

1899   Vergebliche Bewerbung um Aufnahme an die Kunstakademie Dresden.

1900   Aufnahme an die Großherzogliche Kunstschule in Weimar, im Juni auf Probe, ab Oktober endgültig in der Antikenklasse von Otto Rasch.

1901–03 April 1901 bis Oktober 1903 Studium in der Naturklasse von Frithjof Smith. Kurzer Aufenthalt in Braunschweig, dann in Paris. Im Dezember Reise nach Amsterdam, um Minna Tube, die er 1903 auf einem Faschingsfest in Weimar kennengelernt hat, zu besuchen.

1904   Bis Ende März in Paris. Im April Reise in die Schweiz, Wanderung bis nach Genf. Ende April in Berlin, wo Beckmann bis 1915 bleibt.

1905   Reise nach Jütland.

1906   Für das 1905 gemalte Bild »Junge Männer am Meer« erhält Beckmann auf der Ausstellung des Deutschen Künstlerbundes in Weimar den Ehrenpreis des Künstlerbundes mit Stipendium und Aufenthalt in der Villa Romana in Florenz. Im August (?) Tod der Mutter. Am 21. September Heirat mit Minna Tube.

Hochzeitsreise nach Paris, im November nach Florenz.

1907 Rückkehr nach Berlin. Sommer in Vietzkerstrand an der Ostsee. Am 8. August Einzug in das eigene Haus in Berlin-Hermsdorf.

1908 Geburt des Sohnes Peter. – Rege Beteiligung an der Entwicklung der Berliner Secession.

1909 Zum erstenmal beteiligt an einer Ausstellung in Paris (Salon d'Automne).

1910 Winterwohnung (bis 1914) am Nollendorfplatz 6 in Berlin. Im Sommer zum Malen auf Wangerooge und in Bad Nenndorf.

1912 Kontroverse mit Franz Marc in der Zeitschrift »Pan«. Erste Einzelausstellungen in Magdeburg (Kunstverein) und in Weimar (im Großherzoglichen Museum für Kunst und Kunstgewerbe). Reisen, unter anderem nach Hamburg, dort Auftrag für ein Familienbild des Sammlers Henry B. Simms.

1913 Erste große Einzelausstellung in Berlin in der Galerie von Paul Cassirer. Erste Monographie über Beckmann, von Hans Kaiser. Im Sommer Reise nach Italien. In der Ausstellung der Berliner Secession wird der »Untergang der Titanic« (1912/13) gezeigt. Austritt aus der Secession (unter anderen mit Max Liebermann). Beckmann ist Kommissionsmitglied in der Ausstellung der Ausgetretenen, die im selben Jahr stattfindet.

1914 Vorstandsmitglied in der neu gegründeten Berliner Freien Sezession. – Im Herbst organisiert Beckmann einen Liebesgabentransport an die Ostfront, er arbeitet als freiwilliger Krankenpfleger in Ostpreußen.

1915 Beckmann ist als freiwilliger Sanitätssoldat in Belgien. Malt in Wervik (bei Courtrai) ein Wandbild mit Reitern und Lanzen im dortigen Feldlazarett IX.

Im Sommer Zusammenbruch. Beckmann geht nach Frankfurt a. M. zu seinen Freunden Ugi und Fridel Battenberg; Ugi Battenberg überläßt ihm sein Atelier Schweizer Straße 3, das Beckmann bis 1933 behält. Beckmann wird zunächst vom Militärdienst beurlaubt, ist dann in Straßburg als Sanitäter.

1916   Beckmann malt die große »Auferstehung«, die unvollendet geblieben ist. – Die »Briefe im Kriege« erscheinen als Buch (bei Bruno Cassirer, Berlin).

1918   Beckmann beginnt »Die Nacht« (vollendet 1919). Beckmanns Aufsatz »Schöpferische Konfession – Bekenntnis 1918« erscheint in der von Kasimir Edschmid herausgegebenen »Tribüne der Kunst und der Zeit«. Minna Beckmann-Tube wird an die Oper in Graz engagiert, Beckmann fährt häufig nach Graz.

1919   Beckmann wird Gründungsmitglied der Darmstädter Sezession.

1920   Beckmann schreibt an der Tragödie »Das Hotel« und an der Komödie »Ebbi«. Die kommenden Jahre sind Jahre intensivster malerischer Arbeit, unterbrochen von kurzen Reisen.

1924   Beckmann lernt in Wien im Hause von Motesiczky seine spätere zweite Frau, Mathilde (genannt »Quappi«) Kaulbach, Tochter des Malers Friedrich August von Kaulbach, kennen. – Im Sommer mit Frau und Sohn an der Adria. Die Monographie von Curt Glaser, Julius Meier-Graefe, Wilhelm Fraenger und Wilhelm Hausenstein über Beckmann erscheint in München.

1925   Scheidung von Minna Beckmann-Tube. Heirat mit Mathilde Kaulbach am 1. September in München; Reise nach Rom, Neapel und Viareggio. Im Oktober wird Beckmann in ein Meisteratelier an der Städelschule/Kunstgewerbeschule in Frankfurt berufen.

1926   Das Ehepaar Beckmann bezieht eine Wohnung

Steinhausenstraße 7/II am Sachsenhäuser Berg. »Die Barke«, 1926, kommt als erstes Werk in die Nationalgalerie Berlin. Die folgenden Jahre, bis 1933, sind die Jahre größter Erfolge und größter Wirkung Beckmanns in Deutschland. Regelmäßige Reisen nach Frankreich, Italien und Holland und in die Schweiz. Beteiligung an zahlreichen Ausstellungen auch im Ausland und Verträge mit Kunsthändlern spiegeln die gesteigerte Aktivität, zeigen den Erfolg.

1927   Der Aufsatz »Der Künstler im Staat« erscheint in der »Europäischen Revue«, Nr. 3, S. 288 ff. Beckmann malt sein selbstbewußtestes Selbstporträt, das »Selbstbildnis im Smoking«.

1928   Die Nationalgalerie erwirbt das »Selbstbildnis im Smoking« für das Kronprinzenpalais. Große Retrospektive in der Städtischen Kunsthalle Mannheim. – Beckmann erhält in Berlin den Reichsehrenpreis Deutscher Kunst 1928 und die Goldene Medaille der Stadt Düsseldorf.

1929   Beckmann mietet in Paris XIVᵉ, 23 bis, boulevard Brune, ein Atelier, in dem er bis 1932 regelmäßig arbeitet und im Monat oft nur acht bis zehn Tage zum Unterricht nach Frankfurt fährt. Er erhält den für ihn beantragten Professorentitel nicht.

1930   In der Städtischen Galerie im Städelschen Kunstinstitut Frankfurt hängen 13 Gemälde von Beckmann, zeitweise in einem eigenen Beckmann-Saal. In der Kunsthalle Basel und im Kunsthaus Zürich finden große Einzelausstellungen statt. Auf der XVII. Biennale in Venedig ist Beckmann mit sechs Bildern vertreten. – Der Vertrag über Beckmanns Lehrtätigkeit an der Städelschule wird bis 1935 verlängert.

1931   Einzelausstellungen in Paris und Brüssel. Beteiligung an der Ausstellung »Vom Abbild zum Sinnbild« in Frankfurt a. M. und an mehreren Ausstellungen im Ausland, darunter in den USA und in Kanada. Angriffe in der nationalsozialistischen Presse gegen Beckmann, vor allem wegen der Ausstellung in Paris und der Auswahl seiner Bilder für die XVII. Biennale in Venedig.

1932   Im Kronprinzenpalais richtet Ludwig Justi Beckmann einen eigenen Saal mit zehn Gemälden, darunter vier aus dem Besitz der Nationalgalerie, ein. – In der NS-Presse steigern sich die Angriffe gegen Beckmann, der Atelier und Wohnung in Paris aufgibt.

1933   Beckmann siedelt nach Berlin über. Ihm wird am 31. März zum 15. April die Lehrtätigkeit an der Städelschule in Frankfurt gekündigt. Der Beckmann-Saal im Kronprinzenpalais wird nach Justis Entlassung aufgelöst. Eine Beckmann-Ausstellung im Museum Erfurt darf nicht eröffnet werden. – Im Sommer arbeitet Beckmann in Ohlstadt im Atelier von Friedrich August von Kaulbach.

1934   Zu Beckmanns 50. Geburtstag erscheint nur ein Aufsatz (in der »Neuen Leipziger Zeitung« vom 17.[!] Februar 1934, gez. »E. G.« [= Erhard Göpel]).

1936   Letzte Einzelausstellung von Beckmann in Deutschland (bei Hildebrand Gurlitt, Hamburg) vor 1946. – Beckmann erörtert in Paris Auswanderungsmöglichkeiten in die USA (mit Stephan Lackner).

1937   In der Aktion gegen die sogenannte entartete Kunst werden in deutschen Museen 28 Gemälde, insgesamt 590 Arbeiten, von Beckmann nachweislich beschlagnahmt. Nach Anhören der Rede Adolf Hitlers zur Eröffnung des Hauses der Deutschen Kunst in München verläßt Beckmann mit seiner Frau am folgenden Tag, dem 19. Juli, Deutschland; das Ehepaar zieht nach Amsterdam. – In der Ausstellung »Entartete Kunst« in München, die im Alten Galeriegebäude am Hofgarten, Galeriestraße 4, am 19. Juli eröffnet wird, hängen zwischen acht und zwölf Gemälde von Beckmann (die Bilder wurden mehrfach ausgewechselt). – Die Wohnung in Amsterdam am Rokin 85 hat Beckmann bis 1948 behalten.

1938   Einzelausstellungen in der Kunsthalle Bern und im Kunstverein Winterthur. In New York startet eine Wanderausstellung nach sechs weiteren Städten. – In der am 7. Juli eröffneten Ausstellung »Exhibition of 20th Century German Art« in den Burlington Galleries in London, die eine Protestausstellung gegen die NS-Kulturpolitik ist, liest Beckmann am 21. Juli seine berühmte Rede »Über meine Theorie der Malerei«. Im Oktober zieht das Ehepaar Beckmann nach Paris.

1939   In den USA wird, wesentlich durch Curt Valentin, Beckmanns Malerei in zahlreichen Galerien gezeigt. In San Francisco wird Beckmann für das Triptychon »Versuchung« in der Golden Gate International Exhibition of Contemporary Art mit dem 1. Preis ausgezeichnet. – Rückkehr (aus Paris) nach Amsterdam im Juni wegen drohender Kriegsgefahr.

1940   Beckmann erhält das Angebot, einen Sommerkurs in Chicago an der Kunstschule des Art Institute zu halten. Mit Hinweis auf den bevorstehenden Kriegseintritt der USA wird ihm das Visum verweigert. Beim Einmarsch der deutschen Truppen in Holland am 10. Mai verbrennt das Ehepaar Beckmann seine Tagebücher. Die finanzielle Situation wird zunehmend schwieriger.

1941   Auftrag von Georg Hartmann (Bauersche Gießerei, Frankfurt a. M.), die Apokalypse zu illustrieren. Hilfe von dem Kunsthändler Helmuth Lütjens, von emigrierten Freunden; Kontakte unter anderem zu

Wolfgang Frommel, der Mittelpunkt eines Widerstandskreises ist.

1942   Einzelausstellung im Arts Club of Chicago. – Im Juni Musterungsbefehl der deutschen Wehrmacht; Beckmann wird für untauglich befunden. – Das Museum of Modern Art New York kauft das Triptychon »Abfahrt«. Auch deutsche Freunde erwerben Bilder bei Beckmann.

1943   Die »Apokalypse« erscheint als Privatdruck in der ohne besondere Genehmigung erlaubten Auflagenhöhe von 24 Exemplaren in Frankfurt a. M. Im April Auftrag für die Illustration von Goethes »Faust II. Teil«; intensive Arbeit an den Federzeichnungen bis Anfang 1944. Lütjens nimmt den größten Teil von Beckmanns Gemälden in sein Haus, um sie vor eventueller Beschlagnahme durch die deutsche Besatzung zu bewahren.

1944   Erneute Musterung, Beckmann wird wieder für dienstuntauglich befunden.

1945   Beckmann hat nach Abzug der deutschen Truppen zunächst neue Schwierigkeiten als Deutscher. Eine drohende Vermögensbeschlagnahme kann abgewendet werden. Im September Ausstellung im Stedelijk Museum Amsterdam, es erwirbt das »Doppelbildnis Max und Quappi Beckmann«, 1941.

1946   Erste Beckmann-Ausstellungen in Deutschland, die größte, in zwei Teilen, in München in der Galerie Günther Franke. Erste Berufungen nach Deutschland, die Beckmann jedoch ablehnt. Im August wird ihm in Holland die »Non-Enemy-Eigenschaft« zuerkannt, damit besteht keine Ausweisungsgefahr mehr. – Besuche aus Amerika (Curt Valentin und Hanns Swarzenski).

1947   Beckmann lehnt eine Berufung nach Berlin ab. Reise nach Paris und Nizza, erste Auslandsreise nach dem

Krieg. – Einzelausstellung in Frankfurt im Städelschen Kunstinstitut. – Im August Schiffsreise nach
New York. Beckmann übernimmt im September
eine Vakanzprofessur an der Washington University
Art School in St. Louis.

1948   Große Beckmann-Ausstellung im City Art Museum
in St. Louis, die nach Detroit, Los Angeles, San
Francisco, Cambridge (Mass.) weitergeht. – Beckmann verfaßt auf Einladung des Art Department am
Stephens College in Columbia (Mo.) die »Drei Briefe
an eine Malerin«, die dort am 3. Februar, in Boston
an der Art School des Museum of Fine Arts, auf
Einladung von Professor Georg Swarzenski, am
13. März und in St. Louis während der Retrospektive
in englischer Übersetzung von Mathilde Q. Beckmann vorgelesen werden. Aufenthalte in New York
und in Bloomington. Der Lehrauftrag in St. Louis
wird verlängert. – Angebot aus Hamburg, die Leitung der dortigen Landeskunstschule zu überneh-
men. Juni bis September in Amsterdam, Auflösung
der Wohnung. Bei der Rückkehr nach St. Louis stellt
Beckmann den Antrag, die amerikanische Staatsbür-
gerschaft zu erhalten. – Verhandlungen wegen einer
Lehrtätigkeit an der Brooklyn Museum Art School.
Am 29. Dezember in New York Party zu Ehren von
Max Beckmann im Künstlerklub »Artist's Equity«.

1949   Retrospektive in Minneapolis (Minn.) im Institute of
Fine Arts, in geringerem Umfang in Boulder (Col.).
Ausstellungen in New York, in St. Louis und in
Hannover. Porträtauftrag des Sammlers Morton D.
May; seine Sammlung, heute beim City Art
Museum in St. Louis, wurde die bedeutendste Beck-
mann-Sammlung der Welt. – Sommerkurs in Boul-
der. – Umzug nach New York. Im September Beginn
der Lehrtätigkeit an der Brooklyn Museum Art

School. – Beckmann erhält den 1. Preis der Ausstellung »Painting in the United States« im Carnegie Institute Pittsburgh. In München erscheint die Beckmann-Monographie von Benno Reifenberg und Wilhelm Hausenstein.

1950   Erneuter Umzug in New York. Auf der XXV. Biennale in Venedig, wo 14 Gemälde von Beckmann gezeigt wurden, erhält er den Conte-Volpi-Preis. – Sein Vertrag an der Art School des Brooklyn Museum wird um sechs Jahre verlängert. – Am 6. Juni erhält Max Beckmann in St. Louis den Ehrendoktor der Washington University. – Beckmann macht in Bloomington (Ind.) Studien für das Gruppenbildnis Hope und unterrichtet im Juli/August in Mills College, Oakland (Calif.). – Reisepläne nach Europa gibt er wegen der Koreakrise auf. Auf dem Weg zur Ausstellung »American Painting Today« im Museum of Modern Art bricht Max Beckmann am Morgen des 27. Dezember an der Ecke 61st Street/Central Park West tot zusammen. In seinen letzten Lebenstagen arbeitete er fieberhaft, am 26. Dezember beendete er das Triptychon »Argonauten«. Das Gemälde »Backstage« stand fast vollendet auf der Staffelei.

Lebensdaten Minna Beckmann-Tube

1881   Am 5. Juni als Tochter des Militäroberpfarrers Dr. D. Paul Tube und seiner Frau Ida Concordia Minna, geb. Römpler, in Metz geboren. Vier Geschwister: Else, Magdalene, Annemarie und Martin. Kindheit und Jugend in Metz, Posen und Danzig.

1889   Tod des Vaters. Umzug nach Altenburg, Thüringen.

1895   In Lausanne in einem Pensionat. Nach 13 Monaten

1896   wieder nach Haus. Schulabschluß in Altenburg.

1899   In Weimar. Unterricht in einem Damenatelier, in dem Frithjof Smith, der eine Naturklasse an der Großherzoglichen Kunstschule in Weimar leitet, Korrektur gibt.

1900–03 In München im Künstlerinnenverein. Studium zunächst im Damenatelier von Heinrich Knirr, anschließend in der Damenakademie der Akademie der bildenden Künste bei Christian Landenberger. Anschließend wieder in Weimar. Im Wintersemester 1902/03 Studium in der Naturklasse von Hans Olde. Bekanntschaft mit Max Beckmann.

1903   Minna Tube verläßt, gleichzeitig wie Beckmann, die Kunstschule Weimar. Sie geht im Herbst nach Amsterdam, um dort Rembrandt und Bartholomeus van der Helst im Rijksmuseum zu kopieren. Weihnachten Besuch von Beckmann in Amsterdam.

1904   Minna Tube geht nach Berlin und arbeitet im Atelier von Lovis Corinth. Frau Tube zieht nach Berlin, Pariser Straße 2.

1906   Gesangsstudium bei Tilly Erlenmeyer. Am 21. September Heirat mit Max Beckmann. Hochzeitsreise nach Paris, vom November an in Florenz. – Beckmann signiert zwischen 1905 und 1913 viele Gemälde mit HBSL (Herr Beckmann seiner Liebsten) oder MBSL (Max Beckmann seiner Liebsten). Früheste Signatur dieser Art auf »Junge Männer am Meer«, 1905; späteste auf »Christi Geburt«, 1913.

1907 Am 8. August Einzug in das Haus in Berlin-Hermsdorf, Ringstraße 8.

1908 Am 31. August Geburt des Sohnes Peter.

1912 Intensives Gesangsstudium, erste Konzerte in Berlin.

1915 Erstes Engagement an der Oper in Elberfeld, wo Hans Knappertsbusch Kapellmeister ist.

1916 Engagement in Dessau.

1917 Engagement in Chemnitz.

1918 Engagement an die Oper in Graz, wo Karl Böhm[1] 1918 als zweiter und von 1920 an als erster Kapellmeister tätig ist und 1921/22 auch Clemens Krauss dirigiert[2]. Minna Beckmann-Tube war als Hochdramatische engagiert, sie wurde vor allem als Wagner-Sängerin gefeiert. An der Grazer Oper bis 1925.

1925 Scheidung von Beckmann. Minna Tube gibt ihre Karriere als Sängerin auf.

1927 Rückkehr nach Berlin-Hermsdorf, Umbau des Hauses in zwei Wohnungen.

1945 Im Februar flüchtet Minna Beckmann-Tube nach Gauting zu ihrem Sohn.

1964 Tod am 30. Juli in Gauting.

---

1 Minna Beckmann-Tube, die in den zwanziger Jahren wieder zu malen beginnt, hat Karl Böhm porträtiert und einen »Blick in den Orchestergraben« gemalt (abgebildet in dem Buch von Franz Endler, »Karl Böhm, ein Dirigentenleben«, Hamburg 1981, S. 236, und dort fälschlich Mathilde Quappi Beckmann zugeschrieben).
2 Siehe Rudolf List, »Oper und Operette in Graz. 75 Jahre Opernhaus«, Ried im Sinnkreis 1974, S. 50.

Editorische Notiz

Aus den hier vollständig publizierten Tagebüchern von Max
Beckmann aus den Jahren 1903 und 1904 finden sich Auszüge
in »Max Beckmann – Sichtbares und Unsichtbares«, herausgegeben und mit einem Nachwort versehen von Peter Beckmann,
Einführung von Peter Selz, Stuttgart 1965, S. 44–61. – Zitate
daraus und weitere Stellen aus Beckmanns Tagebuch von 1912
und 1913 finden sich bei Ernst Gerhard Güse: »Das Frühwerk
Max Beckmanns. Zur Thematik seiner Bilder aus den Jahren
1904–1914« (Dissertation Hamburg 1974), Frankfurt a. M.
und Bern 1977. – Güse hat sie als für eine Lebensphilosophie
Nietzschescher Prägung typisch für Beckmanns Frühwerk her-
angezogen, ebenso Ewald Gäßler in seiner Dissertation (Göttingen 1974) »Studien zum Frühwerk Max Beckmanns. Eine
motivkundliche und ikonographische Untersuchung zur Kunst
der Jahrhundertwende«. Auch sonst werden Passagen aus
diesen frühen Tagebüchern mehrfach in der Literatur erwähnt,
unter anderem von Friedhelm W. Fischer in seinem Buch
»Max Beckmann – Symbol und Weltbild«, München 1972. –
Nietzsches Einfluß, allgemein wie im Zusammenhang mit dem
Werk Beckmanns, hat in jüngster Zeit Dietrich Schubert
behandelt, in »Nietzsche-Studien. Internationales Jahrbuch
für die Nietzsche-Forschung«, Bd. 9, 1980, S. 374 ff., und in
einem Aufsatz »Nietzsche – Konkretionsformen der bildenden
Kunst 1890–1933«, ebenda, Bd. 10/11, 1981/82, S. 278 ff.,
zuletzt in seinem Aufsatz »Die Beckmann-Marc-Kontroverse
von 1912, ›Sachlichkeit‹ versus ›Innerer Klang‹«, in »Expressionismus und Kulturkrise«, herausgegeben von Bernd Hüppauf, Heidelberg 1983, S. 207 ff.
In den bereits veröffentlichten und der heutigen Rechtschrei-

bung angeglichenen Passagen aus den frühen Tagebüchern von Max Beckmann war bisher alles ausgeklammert, was die Beziehung zu seiner ersten Frau Minna, geborene Tube, betrifft. Die Pariser und auch die späteren Aufzeichnungen waren offenbar für sie bestimmt, sie waren in ihrem Besitz und gehören seit ihrem Tod Dr. Peter Beckmann, dem einzigen Sohn des Paares. Da die Briefe von Max Beckmann an seine erste Frau bei deren Flucht im Februar 1945 aus ihrem Haus in Berlin-Hermsdorf zurückgelassen werden mußten und bei einer späteren Rückkehr nach Berlin dort nicht mehr vorhanden waren, ist kaum damit zu rechnen, daß sie noch auftauchen. So kommt den frühen Tagebüchern von Max Beckmann ein besonderer Quellenwert zu.

Die Tagebücher von Max Beckmann aus den Jahren 1908/09 sind unter dem Titel »Leben in Berlin« von Hans Kinkel herausgegeben und liegen in 2. Auflage, München/Zürich 1984, vor. Beckmann notiert darin am Sonntag, dem 17. Januar 1909: »... in alten Tagebüchern von mir gelesen, die jetzt Mink [also seiner Frau] gehören. Puh da war ich auch nicht gerade glücklich. Verflucht! Eine Masse Gewinsel«.

Die Tagebücher von 1903 und 1904 bestanden ursprünglich aus vier einzelnen Heften verschiedener Formate mit abgerundeten Ecken; sie sind heute in einem roten Halbleinenband vereint.

Das erste Heft, kariertes Papier (16×10,4 cm) mit umlaufendem Rotschnitt, beginnt mit einer Eintragung vom 14. August 1903 in Braunschweig und endet am 19. September 1903 mit einer Eintragung in Mainz in der Bahn auf der Fahrt nach Paris. Es enthält 105 laufend numerierte Blätter. Blatt 4 kommt nicht vor, ist aber auch nicht herausgerissen. Die Numerierung, mit Bleistift, überspringt die von Beckmann herausgerissenen oder herausgeschnittenen Blätter; gelegentlich vermerkt er es selbst im Text. Zwischen Blatt 8 und 9 fehlen zwei, zwischen Blatt 14 und 15 vier, zwischen Blatt 92 und 93 ebenfalls vier Blätter.

Das zweite Heft, offenbar in Paris gekauft, liniiertes Papier mit umlaufendem marmorierten Blauschnitt (16,5×10,4 cm), beginnt mit einer Eintragung vom 6. Dezember 1903 in Paris und endet mit einer Eintragung in Paris vom 6. Januar 1904. Es enthält numerierte Blätter von 1 bis 54.

Das dritte Heft, kariertes Papier ohne Farbschnitt, am Beginn und am Schluß je zwei graublaue Vorsatzblätter (16,6×10,5 cm), beginnt mit einem nicht datierten Eintrag auf Blatt 3. Das erste Datum ist der 15. Januar 1904, der letzte Eintrag ist vom 9. März 1904, beide in Paris. Zwischen Blatt 22 und 23 fehlt ein halbes zum Teil beschrieben gewesenes Blatt; von Blatt 48 sind die unteren drei Viertel weggerissen. Die Numerierung von 1 bis 51 umfaßt auch die Vorsatzblätter.

Das vierte Heft hat stark vergilbtes kariertes Papier (14,9×9,2 cm) ohne Farbschnitt; es beginnt mit einem Eintrag vom 1. April 1904 in Fontainebleau; letzter Eintrag am 7. Mai 1904 in Berlin. Es enthält numerierte Blätter vom 1 bis 31. Blatt 2 kommt zweimal vor.

Das fünfte – separate – Heft vom Aufenthalt in Hamburg und später in Berlin, mit Rotschnitt, hat liniiertes Papier (14,5×9,1 cm), hat als Umschlag kräftiges rauhes vergilbtes, ehemals weißes Papier mit abgebrochenen Ecken. Es beginnt mit einem Eintrag vom 30. Dezember [1912], die letzte datierte Eintragung ist vom 17. April [1913]. Hier sind die Seiten von 1 bis 84 numeriert. Zwischen Seite 20 und 21 fehlt ein Blatt, zwischen Seite 54 und 55 fehlen zwei Blätter, zwischen Seite 64 und 65 fehlt wiederum ein Blatt.

Das sechste Heft, pergaminartige glatte Blätter, die zum Herausreißen perforiert sind (14,2×11 cm), hat einen Einband aus blauem Karton. Die Blätter sind von 1 bis 28 numeriert, dazu kommen noch zwölf nicht numerierte Blätter. Zwischen Blatt 1 und 2, zwischen Blatt 10 und 11 fehlen jeweils mehrere Blätter, auch vor Blatt 22, das keine Nummer trägt. Auf der Innenseite des Deckels steht in Beckmanns Handschrift: »1912–13«. Gegenüber ist ein »Selbstbildnis mit Appollinaris«, es folgen

Skizzen, darunter drei für den »Untergang der Titanic«, 1912/
13 (Göpel 159). – Siehe auch die Liste der Zeichnungen und
Skizzen, S. 131–135. – Auf dem Rückendeckel innen grünes
Klebeschild: W. &. J. Amler, Charlottenburg, Steinplatz 2.

Die hier publizierten Erinnerungen von Minna Beckmann-
Tube sind aus zwei verschiedenen Schreibmaschinenmanu-
skripten »collagiert«. Beide tragen kein Datum, dürften aber
beide nach Beckmanns Tod in den fünfziger Jahren geschrieben
worden sein. Publiziert wird hier nur der auf die frühen Jahre
mit Beckmann sich beziehende Teil. Ansatzstellen und Weg-
lassungen sind durch . . . gekennzeichnet.

Gegen Ende der Arbeit an den Erläuterungen zu den frühen
Tagebüchern tauchte im Verlag der Wunsch auf, den Text in
Beckmanns originaler Schreibweise herauszubringen. Seine
Orthographie hat Besonderheiten der um 1900 gültigen
Schreibweisen. Beckmann schreibt zum Beispiel »giebt« statt
»gibt«, er schreibt »seien« statt »sein«, »thuen« statt »tun«.
Seine Rechtschreibung zeigt Schwankungen, die sowohl auf
Flüchtigkeit beruhen wie auf der jeweiligen Situation oder
Gemütsverfassung, zum Beispiel, wenn er in der Closerie des
Lilas bei Rotwein oder mehreren Chartreux sitzt. Das Schrift-
bild variiert nach Stimmung, aber auch nach dem Gebrauch
von Tinte, Bleistift, Kopierstift oder schwarzer Kreide. In den
Aufzeichnungen von 1912/13 sind derartige Schwankungen
kaum noch vorhanden. Beckmanns Schreibweise von Namen –
»Nitzsche« oder »Nitsche«, »Schoppenhauer«, »Rembrand«
usw. oder bei den Adressen auch »Mesek« oder »Sauerland« –
folgt mehr dem Gehör als dem Buchstaben; auch Groß- und
Kleinschreibung scheinen oft willkürlich. Die sehr großzügig
gehandhabte Interpunktion wurde, soweit zum Verständnis
unbedingt notwendig, mit Satzzeichen in eckigen Klammern
ergänzt; Rechtschreibungsfehler, die das Verständnis erschwe-
ren – zum Beispiel »daß« = »das« –, sind durch Buchstaben

oder Bemerkungen in eckigen Klammern ergänzt. Nur eine einzige eckige Klammer im ganzen Buch – auf S. 54 – stammt von Beckmann selbst.

Die Sternchen im Text markieren Zäsuren, die Beckmann entweder durch Freilassen oder, in der Regel, durch Querstriche markiert hat. – Die Reihenfolge der ausgewählten Abbildungen und ihre Anordnung im Text entsprechen dem Tagebuch, auch wenn einige Skizzen offensichtlich in anderer Reihenfolge entstanden sind.

Dank der Herausgeberin

Als seinerzeit Herr Dr. Peter Beckmann der ungekürzten Publikation der frühen Tagebücher von Max Beckmann zustimmte, konnte ich nicht absehen, wieviel an sachlicher Information sich in den äußerlich so bescheidenen Heften verbirgt – ebensowenig, wie schwierig es sein würde, ihren sachlichen Inhalt aufzuschlüsseln.

Die Entzifferung der Handschrift bis auf wenige Worte war nur möglich, weil Dr. Beckmann mir die Manuskripte über Monate hin überließ. Mancher Buchstabe, manches Wort, manche Wendung ließ sich erst im Laufe der Zeit durch immer neues Durcharbeiten entziffern.

Für das Vertrauen, auch für die Geduld, mit der Dr. Peter Beckmann und seine Frau Maja auf meine Fragen zu antworten und mir Hinweise zu geben suchten, sei hier an erster Stelle gedankt. – Danken möchte ich auch für die Langmut der Mitarbeiter im Piper Verlag, besonders sei Uwe Steffen hervorgehoben. Dank schulde ich auch den Verwahrern des Max-Beckmann-Archivs bei den Bayerischen Staatsgemäldesammlungen und den Mitarbeitern der Bibliothek des Zentralinstituts für Kunstgeschichte in München.

d. s.

Auswahlbibliographie

1. Schriften von Max Beckmann

Leben in Berlin. Tagebuch 1908/09. Hrsg. von Hans Kinkel, München 1966; 2., überarbeitete Aufl. 1983: *Leben in Berlin. Tagebuch 1908–1909.* Hrsg. und kommentiert von Hans Kinkel, München/Zürich 1983, [3]1984.

(Beitrag ohne Titel, in:) *Im Kampf um die Kunst. Die Antwort auf den »Protest deutscher Künstler«.* Mit Beiträgen deutscher Künstler, Galerieleiter, Sammler und Schriftsteller, München 1911; 2. und 3. Auflage: *Deutsche und französische Kunst. Eine Auseinandersetzung deutscher Künstler, Galerieleiter, Sammler und Schriftsteller,* München o. J. (1913).

»Gedanken über zeitgemäße und unzeitgemäße Kunst«. Eine Erwiderung von Max Beckmann, in: *Pan* 2 (1912), S. 499 ff.

(Beitrag zu einer Umfrage der Redaktion) »Das neue Programm«, in: *Kunst und Künstler* 12 (1914), S. 301.

Briefe im Kriege. Gesammelt von Minna Tube, Berlin 1916, Neuausgabe München/Zürich 1984.

(Kurzes Vorwort, in:) *Katalog »Max Beckmann – Graphik«,* I. B. Neumann, Graphisches Kabinett, Berlin 1917.

»Schöpferische Konfession«, in: *Tribüne der Kunst und Zeit. Eine Schriftensammlung,* hrsg. von Kasimir Edschmid, Bd. 13, Berlin 1920 ([1]1918), S. 61 ff.

»Über den Wert der Kritik« (Eine Rundfrage an die Künstler), in: *Der Ararat* 2 (1912), S. 132.

Die Dramen Max Beckmanns. »Ebbi« und »Das Hotel«, München 1984.

»Autobiographie«, in: *Dem Verlag R. Piper & Co. zum 19. Mai 1924,* o. O. (München), o. J. (1924), S. 10 f.

»Der Künstler im Staat«, in: *Europäische Revue* 3 (1927), S. 288 ff.

»Sechs Sentenzen zur Bildgestaltung«, in: *Katalog »Max Beckmann: Das gesammelte Werk«,* Städtische Kunsthalle, Mannheim 1928.

On my Painting, New York 1941, Buchholz Gallery Curt Valentin; zuletzt deutsch gedruckt in: Mathilde Q. Beckmann, *Mein Leben mit Max Beckmann,* München/Zürich 1983, [2]1985, S. 189 ff. (»Über meine Malerei«. Rede, gehalten in der Ausstellung ›Twentieth Century German Art‹ in den Burlington Galleries, London, 21. Juli 1938).

Tagebücher 1940–1950. Zusammengestellt von Mathilde Q. Beckmann.

Hrsg. von Erhard Göpel, München 1955, München/Wien 1979, München/Zürich 1984.

Speach given by Max Beckmann to his first class in the United States at Washington University, St. Louis 1947; abgedruckt in: Mathilde Q. Beckmann, a.a.O., S. 198ff.

»Letters to a Woman Painter«, in: *College Art Journal* 9 (Herbst 1949), S. 39ff.; deutsche Fassung abgedruckt in: Mathilde Q. Beckmann, a.a.O., S. 200ff. (»Drei Briefe an eine Malerin. Vortrag, gehalten am 3. Februar 1948 in Stephens College, Columbia, Missouri«).

Ansprache von Max Beckmann für die Freunde und die philosophische Fakultät der Washington University, St. Louis 1950 (Erstveröffentlichung 1953); deutsche Fassung zuletzt abgedruckt in: Mathilde Q. Beckmann, a.a.O., S. 207ff.

»Can painting be taught. Beckmanns answer«, Interview (mit Dorothy Seckler) in: *The Art News* 50 (1951), Nr. 1, S. 39f.

»In der Arena der Unendlichkeit. Aus dem Nachlaß von Max Beckmann«, in: *Die Neue Zeitung* (München), 12. Februar 1952.

Franke, Günther, »Zwanzig Briefe von 1926–1959«, in: *Briefe an Günther Franke. Portrait eines deutschen Kunsthändlers.* Hrsg. von Doris Schmidt, Köln 1970.

Briefe an Reinhard Piper, in: *Max Beckmann in Frankfurt.* Hrsg. von Klaus Gallwitz, Frankfurt a. M. 1984, S. 93ff.

Die Realität der Träume in den Bildern. Aufsätze und Vorträge, aus Tagebüchern, Briefen, Gesprächen 1903–1950. Hrsg. mit Nachwort und Chronologie von Rudolf Pillep, Leipzig 1984.

2. Illustrierte Werke (bis 1915)

Guthmann, Johannes, *Eurydikes Wiederkehr in drei Gesängen.* Mit neun Lithographien von Max Beckmann, Berlin, Paul Cassirer 1909.

Beckmann, Max, *Sechs Lithographien zum Neuen Testament,* Berlin-Steglitz, E. W. Tieffenbach 1911.

»Sieben Originallithographien von Max Beckmann zu Dostojewskis ›Aus einem Totenhaus‹«. Das Bad der Sträflinge, in: *Kunst und Künstler* 11 (1912), S. 289–296.

Kriegslieder des XV. Korps 1914–1915. Von den Vogesen bis Ypern, Berlin, Paul Cassirer o. J. (mit 13 »Federskizzen von dem Sanitätsfreiwilligen Max Beckmann«).

3. Kataloge von Einzelausstellungen

Berlin 1906: Elfte Ausstellung der Berliner Secession, von da an regelmäßig.

Weimar 1906, Großherzogliches Museum: Dritte Ausstellung des Deutschen Künstlerbundes (das Gemälde »Jünglinge am Meer«), Ehrenpreis des Deutschen Künstlerbundes mit Aufenthalt in der Villa Romana in Florenz.

Weimar 1907, Großherzogliches Museum: Ausstellung von Werken von Max Beckmann und Georg Minne (18 Gemälde).

Paris 1909, Grand Palais des Champs Élysées: Société du Salon d'Automne (beteiligt).

Magdeburg 1912, Kunstverein: Max Beckmann.

Weimar 1912, Großherzogliches Museum für Kunst und Kunstgewerbe: Gemälde von Max Beckmann in Berlin (28 Gemälde).

Berlin 1913, Paul Cassirer: Max Beckmann (47 Gemälde).

Zürich 1913, Kunstsalon Wolfsberg (20 Gemälde).

Mannheim 1928, Städtische Kunsthalle: Max Beckmann, das gesammelte Werk, Gemälde, Graphik, Handzeichnungen aus den Jahren 1905 bis 1927.

Basel 1930, Kunsthalle: Max Beckmann, 100 Gemälde (1906–1930), 21 Pastelle und Zeichnungen.

Zürich 1930, Kunsthaus: Max Beckmann (85 Gemälde, 23 Pastelle, Gouachen und Zeichnungen, 113 Blatt Druckgraphik).

Dresden 1930, Galerie Neue Kunst Fides (Rudolf Probst): Max Beckmann, Gemälde und Zeichnungen, 1906–1930.

Hannover 1931, Kestner-Gesellschaft: Max Beckmann, Gemälde und Graphik, 1906–1930.

München 1946, Galerie Günther Franke: Ausstellung in zwei Teilen.

Saint Louis, Mo. 1948, City Art Museum: Max Beckmann, 1948.

München 1951, Haus der Kunst: Max Beckmann zum Gedächtnis 1884 bis 1950.

Bremen 1953/54, Kunsthalle: Max Beckmann 1884–1950, Werke aus fünf Jahrzehnten (vorher in Braunschweig, Kunstverein).

Karlsruhe 1962, Badischer Kunstverein: Max Beckmann, die Druckgraphik – Radierungen, Lithographien, Holzschnitte.

Karlsruhe 1963, Badischer Kunstverein: Max Beckmann, Das Porträt. Gemälde, Aquarelle, Zeichnungen.

Hamburg 1965, Kunstverein, und Frankfurt a. M. 1965, Kunstverein: Max Beckmann – Gemälde, Aquarelle, Zeichnungen.

Paris 1968, Musée National d'Art moderne: Max Beckmann (anschließend in München, Haus der Kunst, und in Brüssel, 1969, Palais des Beaux Arts).

Bielefeld 1968, Kunsthalle: Deutsche Expressionisten aus der Sammlung Morton D. May, St. Louis (USA), Wanderausstellung.

Bremen 1974, Kunsthalle: Max Beckmann in der Sammlung Piper, Hand-
zeichnungen, Druckgraphik, Dokumente (1910–1923).
Bielefeld 1977, Kunsthalle: Max Beckmann, Aquarelle und Zeichnungen
1903–1950 (Tübingen 1978, Kunsthalle, und Frankfurt a. M. 1978, Städti-
sche Galerie im Städelschen Kunstinstitut).
Paris 1978, Centre Pompidou: Paris–Berlin, 1900–1933.
New York 1980/81, Solomon R. Guggenheim Museum: Expressionism, a
German Intuition 1905–1920 (San Francisco 1981, Museum of Modern
Art).
Bielefeld 1982, Kunsthalle: Max Beckmann, die frühen Bilder (Frankfurt
a. M. 1983, Städtische Galerie im Städelschen Kunstinstitut).
München 1983, Haus der Kunst: Max-Beckmann-Retrospektive zum 100.
Geburtstag (Berlin, Nationalgalerie; Saint Louis, The Saint Louis Art
Museum; Los Angeles 1984/85, Los Angeles County Museum of Art).
Leipzig, Museum der bildenden Künste: Max Beckmann. Graphik, Malerei,
Zeichnung. Ausstellung zum 100. Geburtstag.

4. Autoren

Beckmann, Mathilde Q., *Mein Leben mit Max Beckmann.* Übersetzt aus
dem Amerikanischen und erläutert von Doris Schmidt, München/Zürich
1983, [2]1985.
Beckmann, Peter (Hrsg.), *Max Beckmann. Sichtbares–Unsichtbares,* Stutt-
gart 1965.
Beckmann, Peter, *Max Beckmann. Leben und Werk,* Stuttgart/Zürich 1982.
Blick auf Beckmann. Dokumente und Vorträge. Hrsg. von Hans Martin
Freiherr von Erffa und Erhard Göpel, München 1962.
Buchheim, Lothar Günther, *Max Beckmann,* Feldafing 1959.
Buenger, Barbara C., *Max Beckmann's Artistic Sources,* Diss. New York
1979 (Typoskript).
Busch, Günter, *Max Beckmann. Eine Einführung,* München 1960.
Erpel, Fritz, *Max Beckmann,* Berlin (DDR) 1981.
Erpel, Fritz, *Max Beckmann. Leben im Werk/Die Selbstbildnisse,* Berlin
(DDR) 1985.
Fischer, Friedhelm Wilhelm, *Max Beckmann. Symbol und Weltbild,* Mün-
chen 1972.
Fischer, Friedhelm Wilhelm, *Der Maler Max Beckmann,* Köln 1972.
Gäßler, Ewald, *Studien zum Frühwerk Max Beckmanns,* Diss. Göttingen
1974.
Gallwitz, Klaus (Hrsg.), *Max Beckmann in Frankfurt,* Frankfurt a. M. 1984.
Glaser, Curt/Meier-Graefe, Julius/Fraenger, Wilhelm/Hausenstein, Wil-
helm, *Max Beckmann,* München 1923.

Göpel, Erhard/Göpel, Barbara, *Max Beckmann. Katalog der Gemälde*, 2 Bde., Bern 1976 (dort auch ausführliche Bibliographie).

Güse, Ernst-Gerhard, *Das Frühwerk Max Beckmanns. Zur Thematik seiner Bilder aus den Jahren 1904–1914* (Diss. Hamburg), Frankfurt a. M./Bern 1974.

Kaiser, Hans, *Max Beckmann*, Berlin 1913.

Kaiser, Stephan, *Max Beckmann*, Stuttgart 1962.

Lackner, Stephan, *Ich erinnere mich gut an Max Beckmann*, Mainz 1967.

Lackner, Stephan, *Max Beckmann*, München 1983.

Lenz, Christian, »Max Beckmann in seinem Verhältnis zu Picasso«, in: *Niederdeutsche Beiträge zur Kunstgeschichte* 16 (1977), S. 236ff.

Paret, Peter, *The Berlin Secession. Modernism and its Ennemies in Imperial Germany*, Cambridge/London 1980.

Reifenberg, Benno/Hausenstein, Wilhelm, *Max Beckmann*, München 1949.

Scheffler, Karl, »Max Beckmann«, in: *Kunst und Künstler* 11 (1913), S. 297–305.

Scheidig, Walther, »Max Beckmann in Weimar«, in: *Kunstmuseen der DDR*, Bd. 3, 1961, S. 79–84.

Schmidt, Diether (Hrsg.), »Manifeste, Manifeste 1905–1933«, in: *Schriften deutscher Künstler des zwanzigsten Jahrhunderts*, Bd. 1, Dresden 1964, S. 26, S. 139ff.

Schubert, Dietrich, »Die Beckmann-Marc-Kontroverse von 1912, ›Sachlichkeit‹ versus ›Innerer Klang‹«, in: *Expressionismus und Kulturkrise*. Hrsg. von Bernd Hüppauf, Heidelberg 1983, S. 207ff.

Schubert, Dietrich, »Nietzsche – Konkretionsformen der bildenden Kunst 1890–1933«, in: *Nietzsche-Studien. Internationales Jahrbuch für die Nietzsche-Forschung* 10/11, Berlin 1981/82, S. 278ff.

Selz, Peter, *Max Beckmann*, New York o. J. (1964), Museum of Modern Art.

Simon, Heinrich, *Max Beckmann*, Berlin/Leipzig 1930.

Thoene, Peter (d. i. Oto Bihalji-Merin), *German Expressionist Art*, London 1938.

Westheim, Paul, *Für und Wider*, Potsdam 1923.

Wiese, Stephan von, *Max Beckmanns zeichnerisches Werk 1903–1925*, Düsseldorf 1978.

Zenser, Hildegard, *Max Beckmanns Selbstbildnisse*, München 1984.

Personenregister

Inhalt

Max Beckmann

Leben in Berlin
Tagebuch 1908–1909

Herausgegeben von Hans Kinkel
2. Aufl., 19. Tsd. 1984. 75 Seiten mit 29 schwarzweißen Abbildungen.
Serie Piper 325

In seinen frühen, spontan formulierten Tagebuchaufzeichnungen aus Berlin
vermittelt Max Beckmann authentische Einblicke in seinen persönlichen
Lebens- und Arbeitsbereich sowie in die gesellschaftliche und künstlerische
Situation Berlins.

Briefe im Kriege
1914–1915

95 Seiten mit 32 Abbildungen. Serie Piper 286

Als freiwilliger Krankenpfleger nahm der heute in aller Welt berühmte
Maler Max Beckmann am Ersten Weltkrieg teil – eine der großen Erschütte-
rungen seines Lebens. Diese Briefe spiegeln die grotesk-heroische Zeitstim-
mung und die Ernüchterung durch die furchtbaren Erlebnisse des Massen-
krieges wider.

Tagebücher 1940–1950

Zusammengestellt von Mathilde Q. Beckmann
Herausgegeben von Erhard Göpel.
Mit einem Vorwort von Friedhelm W. Fischer.
Erweiterte und neu durchgesehene Ausgabe von 1979.
444 Seiten mit 8 Farbtafeln und 20 schwarzweißen Abbildungen. Geb.

»Max Beckmanns Aufzeichnungen zählen in ihrer lapidaren Knappheit, mit
ihrem aphoristisch geprägten Ausdruck zu den wesentlichen Selbst-
zeugnissen innerhalb der Dokumentationen in der neuen Kunstliteratur.
Diese spontan fixierten täglichen Notizen strahlen eine besondere
Faszination aus.« Arnold Bauer, Berliner Morgenpost

Mathilde Q. Beckmann
Mein Leben mit Max Beckmann

Aus dem Englischen von Doris Schmidt
242 Seiten mit 58 Abbildungen und ausführlichen Erläuterungen. Geb.
(Auch in der Serie Piper 436 lieferbar)

»Ein Mosaikstein in der Beckmann-Literatur, sympathisch gefaßt, leicht
lesbar zudem, und als Ergänzung zu anderen Dokumenten, wie den Tagebüchern, sinnvoll.« Westermanns Monatshefte

Piper